PARQUES NATURALES
Patrimonio de la Humanidad
Autor: Adolfo Pérez Agustí

Edita: Ediciones Masters
edicionesmasters@gmail.com

PARQUES NATURALES

Reconociendo que la herencia cultural y natural del mundo trasciende de los límites nacionales y debe conservarse para las generaciones futuras, los estados Miembros de la UNESCO en 1972 (150 en julio de 1997), adoptaron unánimemente los siguientes acuerdos para la protección de su Patrimonio Cultural y Natural:

- Establecimiento de un Comité del Patrimonio Mundial.
- La recopilación de una Lista de Patrimonios Mundiales para incluir propiedades culturales y naturales a lo largo del mundo que se consideren de un gran valor universal según el criterio del Comité. A partir de julio de 1997, el Comité, compuesto de 21 expertos de diferentes naciones en la conservación cultural y natural, habían incluido ya 506 nombres a la Lista.
- La preparación de una Lista de Patrimonios Mundiales en peligro.
- El establecimiento de un Fondo de Patrimonios de la Humanidad para mantener ayuda constante a los lugares necesitados. Cada miembro de la Convención paga una contribución a la UNESCO extraída del presupuesto nacional de su Estado.
- Provisión de ayuda técnica de emergencia, para aquellos miembros que la soliciten.
- Promoción general a lo largo del mundo de la importancia de la conservación de los patrimonios.

Criterio para la inclusión como Patrimonio Natural:

• Ser excelentes ejemplos que representen fases importantes en la historia de la Tierra.

• Ser excelentes ejemplos que representen procesos ecológicos y biológicos significativos.

• Contener fenómenos naturales superlativos o áreas de belleza natural excepcionales.

• Contener lugares naturales importantes y significativos para la conservación in situ de una gran diversidad biológica.

RECOMENDACIONES DE LA UNESCO

"Dado el hecho que las propiedades que figuran en la Lista de Patrimonios de la Humanidad suelen ser visitadas por miles - en algunos lugares millones - de personas, cuando un nuevo nombre figura en esta lista se descubre una placa conmemorativa y se efectúa una ceremonia adecuada, pretendiendo dar un mensaje de atención a la población mundial.

Se pide, por consiguiente, a cada Estado que marque el sitio elegido como Patrimonio con una placa que mencione la Herencia Mundial, junto al logotipo de la UNESCO, además de un texto oficial que mencione este Certificado como Herencia Mundial. La situación de la placa debe escogerse, tanto el tamaño como el material, de manera tal que esté conectado con el carácter específico del sitio, para no interferir con sus calidades visuales y estéticas. En la mayoría de los sitios, esta distinción debe verse premiada con un aumento en el número de visitantes que contribuirá a conservar mejor el Patrimonio, al mismo tiempo que afianzará el prestigio de la UNESCO.

En muchos casos, la infraestructura y la dirección del sitio tendrán que ser mejorados con nuevos requisitos. En particular, una accesibilidad mejorada, recursos de protección del lugar y mayor seguridad para el visitante, así como la asistencia de guías multi-linguales y culturalmente capaces de responder a cualquier interrogante".

Organización
de las Naciones Unidas
para la Educación,
la Ciencia y la Cultura

ESPAÑA

Parque Nacional de Garajonay

Bosques de laurel cubren el 70% de este parque localizado en el centro de La Gomera, en el archipiélago de las Islas Canarias. Manantiales y numerosos riachuelos aseguran una exuberante vegetación, semejante a la del periodo Terciario que, debido a los cambios climáticos, ha desaparecido en gran parte del Sur de Europa.

El interés científico de la laurisilva canaria se debe a que la mayor parte de las especies animales y vegetales que la componen y habitan son endémicas de las islas, no encontrándose en ningún otro lugar del mundo. Se cree fue originado hace 20 millones de años y parte de esa misma vegetación aún permanece en sus barrancos húmedos

Situado en el centro de la isla, tiene en la zona centro una altitud de 650 metros y en el pico más alto 1.487 metros. Realmente se trata de una meseta con ligeras ondulaciones y suaves pendientes que se acentúan hacia la cabecera de los barrancos, formando una serie de escalonamientos, entre ellos el Barranco de Benchijigua o el Valle Gran Rey.

Otras zonas importantes son los roques o pitones: Chereiepí, Ojiia, La Zarzita, en donde existe una gran capa de suelo vegetal, bajo el que se encuentra una sucesión de capas de basaltos y pirociastos.

Las peculiaridades topográficas, así como la humedad, temperatura y los vientos alisios del Noreste, aportan un papel esencial en el grado de conservación del bosque. La capa inferior del alisio, fresca y húmeda gracias a su recorrido sobre el mar, asciende por la orografía de la isla y se condensa generando nubes en la capa superior del alisio, más cálida y seca. Esta inversión térmica forma lo que se conoce como mar de nubes a una altura entre 950 y 1.500 metros, ocasionando la llamada lluvia horizontal.

La Gomera carece de picos destacables y desde la era Terciaria se ha mantenido sin actividad telúrica, de ahí que sea el medio ideal para la conservación de la laurisilva, que precisa de terrenos umbríos y húmedos. De su meseta parten barrancos en cuyas laderas arraigan especies arbóreas peculiares.

La humedad que domina la zona se presenta en forma de niebla y, a veces, precipitaciones. Las copas de los árboles impiden el paso del sol, por lo que el suelo apenas tiene vegetación, y tan sólo musgos, líquenes y helechos cubren el fondo de este bosque. Sin embargo, el mejor espectáculo se encuentra en las copas, donde se puede escuchar el canto de exóticas aves.

La visita al Parque Nacional está centrada en Juego de Bolas, en La Palmita, dentro del término municipal de Agulo, en el norte de La Gomera. Este edificio es una muestra de la arquitectura canaria, y dentro existe una exposición con fotografías, monitores, visores, mapas y maquetas, en donde se muestra todo el contenido del parque. Anexo a ello hay unos jardines con una amplia representación de la flora de Canarias, así como de las plantas medicinales empleadas tradicionalmente por la población como curativas y condimentos.

El Museo Etnográfico existente recoge numerosos aspectos de la cultura tradicional, entre ellos una casa campesina, elementos de labranza, una bodega, y talleres artesanales que permiten ver la forma de trabajar con barro, ristra, y telas.

Flora y fauna

Garajonay posee la mejor representación del bosque de laurisilva existente en el Archipiélago, con 3.948 hectáreas, en donde se puede observar la imagen que podría tener el sur de Europa hace millones de años, en el Terciario (era cenozoica), así como el norte de África. Esta vegetación aislada y única, auténtico fósil viviente, tiene su representación actual en determinados enclaves de los archipiélagos macaronésicos.

El bosque de laurisilva es una formación subtropical que se caracteriza por su extraordinaria frondosidad y diversidad de especies arbóreas, arbustivas y de sotobosque. Allí se encuentran unas 400 especies, así como una gran parte de la flora criptogámica, apareciendo al menos 33 elementos exclusivos de la isla.   Entre las especies más importantes están el Laurel, Acebiño, Brezo, Faya, Palo Blanco y Sauce, además del Til, Madroño, Tejo, Naranjo Salvaje y Cedro, algunos de cuyos ejemplares alcanzan una altura de 20 metros, con una distancia entre ellos de menos de 3 metros. También se encuentran el Saúco, Adelfa, Haya Romana, Bejeque, el Naranjo salvaje sin espinas y el Senecio.

En el parque existe una fauna estrechamente vinculada a este bosque de laurisilva, como es la paloma rabiche y la turqué, ambas endémicas de las islas (así hasta un total de 27 especies), lo mismo que los insectos (arácnidos, artrópodos, lombrices), que contrastan con la escasa presencia de mamíferos.

Alisios:
Vientos lisos que soplan de la zona tórrida con inclinación al Nordeste
Laurisilva
Selva de laureles

Ordesa
Monte Perdido

Este impresionante parque, situado en la provincia de Huesca, cuenta con una superficie de 15.608 hectáreas. Su orografía está dominada por el macizo del Monte Perdido, del cual derivan los valles de Ordesa, Añisclo, Escuain y Pineta. En la cara norte, y en alturas superiores a los 3.000 metros, se localizan los glaciares del Cilindro (o de Marboré) y del Monte Perdido, encontrándose allí las morrenas glaciares más vistosas.

El clima, típicamente pirenaico, posee no obstante una enorme variedad climática, con vientos variables, abundancia de lluvia o nieve, e inversiones térmicas que modifican el desarrollo de la vegetación. En los alrededores el paisaje es más tranquilo y allí se desarrollan adecuadamente algunos pueblos.

El Parque Nacional ha sido galardonado con el Diploma Europeo en su categoría A que otorga el Consejo de Europa y es ahora Reserva de la Biosfera del Programa MAB (UNESCO)

Flora y fauna

Las partes inferiores de los valles poseen bosques de haya, abeto y pino silvestre, mientras que en las orillas de los ríos aparecen sauces, abedules y fresnos. Las distintas altitudes y la misma evolución geológica, han otorgado variedad al parque y por ello podemos ver en Ordesa hayedos, en Pineta pinares, y en Añisclo y Escuaín numerosas encinas, hayas, abetos, tejos, higueras e incluso olivos. Por encima de los 2.000 metros destacan: brecinas, tréboles alpinos, astrágalos y la flor de las nieves edelweiss.

La fauna es típicamente pirenaica, encontrándose el bucardo (único en su especie y en peligro de extinción), marmotas y sarrios, así como truchas, tritones y nutrias en las frías aguas de sus ríos, y aves como el quebrantahuesos, el águila real o el buitre leonado.

Entre los insectos destacan la mariposas Graellsia isabelae, entre los anfibios el tritón pirenaico, y entre los reptiles el lagarto verde.

Terminología esencial

Morrenas:
Montones de piedras y barro que se acumulan transportados por un glaciar.
Bucardo:
Macho de la cabra montesa
Sarrios:
También Gamuza, una especie de antílope
Edelweiss:
Planta de las montañas alpinas

Parque Nacional de Doñana

Localizado en Andalucía, el Parque Nacional de Doñana, con una extensión de 50.720 hectáreas, ocupa la ribera derecha del río Guadalquivir en su desembocadura. Frágil e inaccesible, es ahora Reserva de la Biosfera y constituye un lugar privilegiado por la gran diversidad de sus biotopos, especialmente tierras pantanosas, lagunas, maleza, bosques, y sus dunas fijas o móviles.

El paisaje posee tres partes bien diferenciadas: las playas con dunas vivas y corrales; las arenas estabilizadas por el matorral; y las marismas, estas últimas las que han dado popularidad al Parque. Se considera a Doñana como la zona húmeda más importante de la Europa Occidental y por ello ha sido clasificada en la lista del Convenio RAMSAR como de importancia internacional. Este lugar destaca por sus valores culturales y tradicionales, como la Romería del Rocío, siendo galardonado con el Diploma Europeo en su categoría A, otorgado por el Consejo de Europa.

Según la época del año la marisma presenta un aspecto distinto, pues en primavera las lagunas tienen un aspecto azulado intenso y fuertes tonalidades verdes en los terrenos colindantes, mientras que se muestra seca y árida en el mes de agosto. Posteriormente y con la llegada del otoño, el terreno se empantana y la tierra se hace lodo, comenzando al mismo tiempo a llenarse de agua la laguna, circunstancia que ocasiona el interés por la zona húmeda pues las aguas llegan a bajar tanto de nivel que prácticamente desaparecen de la vista.

La zona denominada como Coto o monte de Doñana, posee abundancia de matorral mediterráneo y fue en otra época sumamente rica en alcornoques. Ahora, especialmente en la vera de la marisma, un lugar situado en medio de los terrenos arcillosos y las arenas del monte, se han logrado perpetuar algunos ejemplares de árboles, así como gran abundancia de helechos. Estos alcornoques, precisamente por su antigüedad, son el lugar predilecto para que se establezcan en sus ramas numerosas colonias de cigüeñas, espátulas y ardeidos.
Igualmente importantes son las dunas móviles, ocasionadas por los vientos foreños procedentes del suroeste que empujan las arenas que llegan del oleaje atlántico y que pueden alcanzar más de diez metros de altura, así como varios kilómetros de longitud. Esta arena, blanca y fina, penetra en el parque por la acción del viento, cambiando de forma y volumen en su recorrido, hasta que topa con el bosque y forma los corrales, o grupos de pinos rodeados por dunas. Su acción no se detiene y terminan por sepultar a los árboles ocasionando su destrucción momentánea, pues todo se regenera de nuevo con asombrosa rapidez.

Flora y fauna

Sirve de hogar a cinco especies de aves amenazadas, y constituye una decisiva zona de paso en invierno y de cría para numerosas especies de aves. En concreto, se considera la última posibilidad para la supervivencia del águila imperial ibérica, el lince, el calamón y la focha cornuda. De un total de 125 aves encontradas destacan también el ganso común, la garza imperial, el avetorillo, la cigüeña blanca, la cigüeñuela y la malvasía, así como el águila culebrera, el aguilucho lagunero, el aguilucho cenizo, el milano real y el cernícalo.

Allí podemos encontrar igualmente al lince, el zorro, el tejón, la comadreja, el jabalí, el ciervo y el lirón, así hasta un total de 28 mamíferos. También son importantes el sapo de espuelas, la culebra bastarda, la víbora hocicuda, las culebras de agua, la tortuga terrestre y el lagarto ocelado.

Respecto a la flora y gracias a sus tres tipos diferenciados de ecosistemas, podemos encontrar plantas como el romero, tomillo, cantuesos y brezos, mientras que de forma aislada aparecen alcornoques, madroños y sabinas. Las marismas, sin embargo, poseen cualidades únicas, con el agua corriendo por caminos naturales en los caños, y generando numerosos encharcamientos que ocasionan una cubierta vegetal intensa. En las zonas más elevadas se encuentra una vegetación halófila, con plantas que crecen en terrenos salados, mientras que en los lugares en los cuales son frecuentes las inundaciones vemos la castañuela, bayunco, candilejo y manzanilla.

Por último, en la zona de las dunas aparecen jaras, juncos y pinos piñoneros, así como el barrón y la camarina.

Terminología esencial

Biotopos:
Territorios constituidos por todas las condiciones necesarias para que se desarrollen los seres vivos.

Calamón:
Ave zancuda, con la cabeza roja, el lomo verde, y el vientre violeta, que habita a orillas del mar y se alimenta de peces.

ITALIA

Jardín Botánico Orto Botánico. Padua

Creado en 1545, este jardín botánico conserva su composición original, esto es, un trazo central circular que simboliza el mundo, rodeado por un anillo de agua. Se han incluido elementos adicionales tanto arquitectónicos (entradas y balaustradas ornamentales), como prácticos (instalaciones e invernaderos) Todo esto contribuye a su original propósito como fuente de investigación científica.

Próximo a este lugar está el Parque Didáctico que ocupa un área de 160.000 metros cuadrados y en el cual existen 200 especies arbóreas, 65 variedades de rosas, 33.000 metros cuadrados de área verde, así como 10.000 metros cuadrados reservados para la protección avícola, en especial de la Gallina de Padua y otras 30 especies en peligro. También hay 30.000 metros cuadrados reservados para viveros y una zona húmeda y de canales de 1,5 Km y 7.000 metros cuadrados.

Parque Natural de Cilento, Vallo di Diano, S.A. Paestum y Velia y Certosa di Padula

El área de Cilento es un paisaje cultural de excepcional calidad. Los santuarios y asentamientos a lo largo de sus montañas de este a oeste, retratan vivamente la evolución histórica del área como una gran ruta de comercio e interacción cultural y política durante los periodos prehistóricos y medievales. Fue también el límite entre las colonias de la Magna Grecia y los pueblos de indígenas Etruscos y Lucanos, y conserva los restos de dos importantes ciudades clásicas: Paestum y Velia.

Después de la designación como reservas de la Biosfera a Cilento y Vesubio, se adoptó la Carta de Campolieto en la cual se estableció un compromiso para promover estas zonas y preservarlas para las generaciones futuras.

FRANCIA

Golfos de Girolata y Porto, y Reserva Natural de Scandola en Córcega

Formando parte del Parque Natural Regional de Córcega, esta reserva natural ocupa una impresionante masa de roca. Su vegetación es un ejemplo de maleza y gaviotas, en donde también pueden encontrarse grandes cormoranes y águilas de mar. Igualmente se hospeda una rica vida marina en sus claras aguas, con las isletas y cuevas inaccesibles.

La presencia en Córcega de dos dorsales montañosas, separadas por el "Surco de Corte", le proporcionan unas características únicas especialmente por la presencia de cincuenta picos con más de 2.000 metros de altura, alcanzando los 2.707 metros en el monte Cinto. Sus impresionantes acantilados, justo al lado de pequeñas playas y ensenadas, dan a los golfos de Girolata (con una pequeña aldea solamente accesible por mar o senderos de montaña) y Porto (situado al norte de la ciudad), un aspecto maravilloso al que se añade una franja marina de 500 metros de anchura que va desde el cabo de Punta Stollo al Rosso.

Flora y fauna

La reserva vegetal de Scandola posee una gran superficie de maquis, algo degradada por el pastoreo y ya en fase de franca recuperación, y que es lugar preferido para el águila Pescadora, mientras que en el fondo marino de esa zona encontramos una gran cantidad de algas. Esta agua posee una gran diversidad y riqueza biológica y se considera uno de los lugares del mediterráneo aún no alterados por el Hombre. Allí están las algas calcáreas de Punta Palazzu y las praderas de Posidonia que pueden llegar a los 35 metros de profundidad, ambas perfectamente visibles gracias a sus cristalinas aguas.

En la superficie encontramos diversas jaras, brezos, retamas y algunas labiadas, unidas a matorrales espinosos que han contribuido a su conservación. La configuración global del paisaje, resto del antiguo continente Tirrénico, es de un aspecto volcánico, con numerosas grietas y fisuras que terminan en acantilados que caen a pico sobre el mar.

La fauna está integrada por al menos 250 parejas de cormoranes, unas 20 del halcón peregrino, así como de la curruca sarda, el águila real y la gaviota argéntea. Las pocas parejas del águila Pescadora están ahora sumamente protegidas, pues se considera que junto con las Islas Baleares, no disponen de otro lugar adecuado para anidar y desarrollarse.

Terminología esencial

Maquis:
Tipo de matorral bajo mediterráneo prácticamente impenetrable.
Cormorán:
Cuervo marino.
Curruca:
Pájaro canoro, insectívoro, de 10 a 12 centímetros de largo, con plumaje pardo por encima y blanco por debajo.

GRECIA

Monte Athos

Centro espiritual ortodoxo desde 1054, el Monte Athos, la "Santa Montaña", prohibida a las mujeres y los niños y con un estatuto de autonomía desde tiempos Bizantinos, es también un lugar artístico reconocido. La composición de sus monasterios (cerca de 20, habitados en la actualidad por unos 1.400 monjes), ejerce su influencia en lugares tan remotos como Rusia, y su escuela de pintura influyó en la historia del arte ortodoxo.
Situado en el extremo de la península Ágion Óros, el Monte Athos es el único lugar en Grecia que se dedica completamente a la oración y culto a Dios, razón por la cual se le denomina como Montaña Santa. Tiene aproximadamente 50 Km de longitud, de 8 a 12 Km de ancho y cubre un área de aproximadamente 350 kilómetros cuadrados, teniendo como frontera una línea imaginaria que empieza en "Fragokastro", costa Oriental, y llega hasta "Arapis", en el extremo opuesto. Su cima, totalmente desnuda, alcanza los 2.033 metros de altura y sus cuestas están cubiertas totalmente por almácigos de hoja perenne.

Esta montaña santa está ahora sujeta al Ministerio de Asuntos Exteriores griego en su aspecto político y al Patriarca Ecuménico de Constantinopla en su aspecto religioso. Ha sido dividida en veinte territorios en los cuales se encuentran 20 monasterios y otros establecimientos monacales que lo rodean (claustros, células, cabañas y ermitas) El Superior del monasterio es elegido por los monjes y es responsable de ese lugar, existiendo una Asamblea Santa, un representante de la Comunidad Santa que ejerce como autoridad administrativa, y una Vigilancia Santa de 4 miembros, elegidos por los 5 monasterios jerárquicamente más importantes.

Según la mitología, el nombre de Athos pertenece a un gigante de Thracian. Durante el conflicto entre los Dioses y los Gigantes, Athos tiró una gran piedra contra el dios Poseidón, pero se resbaló a través de sus dedos y cayó al mar creando un gran bloque de tierra que ahora se denomina como Monte Athos. Otra versión nos dice que fue Poseidón quien tiró la piedra contra Athos, aplastándole y así se originó el monte. También existe otra leyenda que menciona a la Virgen María y Juan el Evangelista, incluso a Lázaro, quienes buscaron refugio temporalmente en el puerto en donde ahora está el Monasterio Santo de Ivira. La Virgen María, admirando la belleza salvaje del lugar, le preguntó a Dios si podía dársela como obsequio y el Señor la respondió: "Permítase que este lugar sea tu morada, tu jardín y tu paraíso, así como tu salvación, y un asilo para aquellos que buscan la salvación". Desde entonces, el Monte Athos es considerado como "El Jardín de la Virgen María".
Inicialmente este lugar fue habitado por varios pueblos griegos pequeños que después, por razones desconocidas, entraron en un lento declive económico, posiblemente a causa de luchas internas, siendo abandonado definitivamente por sus habitantes.

Los monasterios

El Megisti Lavra se construyó en el año 963 en honor de la Virgen y es todavía el mayor de todos, especialmente porque fue ampliándose con el paso de los años, siendo tan poderoso y respetado que hasta los invasores turcos desistieron de atacarlo.
El monasterio búlgaro Arsenal de Zographou fue edificado en el siglo X, igualmente ampliado, y cuenta con una biblioteca con más de 8.000 libros antiguos y numerosos manuscritos.
El anárquico Docheiariou y el Xenophontos rivalizan con el gran monasterio San Panteleimonos, todos ellos importantes lugares de albergue para cientos de monjes, pero ahora con muy pocos en sus dependencias.
Igualmente importante es el Vatoperdi, del que desconocemos con precisión sus orígenes, y que posee una torre de iglesia

llamada katholikon. Más impresionante es el Stavronikita, quizá una antigua fortificación militar, en cuya iglesia está la nave central menor del conjunto, pero igualmente bella.

Con dos pisos de balconadas y rodeado por murallas, está el monasterio de Ivirón que posee una extensa biblioteca de 15.000 libros. Otros monasterios importantes son el Simonos Petras, el Gregoriou, el Saint Paul, el Tarsanas Zografou y el Karakalou.

Terminología esencial

Almácigos:

Árboles que alcanzan los ocho metros de altura, con el tallo cubierto de una telilla fina y transparente que le da un brillo cobrizo.

Metéora

Región de cimas casi inaccesibles de piedra arenisca, en cuyas "columnas del cielo" se asientan los monjes desde el siglo XI. Cuando, en el siglo XV, renació el ideal eremita, 24 de esos monasterios fueron construidos a pesar de las grandes dificultades. Sus frescos del siglo XVI son una expresión fundamental del desarrollo de la pintura post-Bizantina.

Es difícil saber con precisión cómo fue posible edificar ese puñado de monasterios en esos aparentemente inaccesibles pináculos de roca, pues algunos de ellos serían casi imposibles incluso de construir hoy. El lugar elegido estuvo ocupado hace sesenta millones de años por un lago y un río que desembocaba en un delta pantanoso, todo ello posteriormente seco y que originó una capa que se convirtió en rocas, las cuales, a su vez y por la acción de la lluvia y el viento, dieron lugar al río Peneo que excavó numerosas gargantas. Posteriores terremotos aislaron algunas de estas formaciones que fueron habitadas por el hombre seis mil años antes de Cristo.

Allí llegaron posteriormente los anacoretas, en busca de soledad y naturaleza, hasta que en el siglo XIV, y a causa de las numerosas guerras que se daban en los valles, los monjes decidieron buscar un lugar más seguro en la cima de los pinachos hasta entonces inaccesibles. Para llegar hasta arriba debían escalar unas paredes verticales de casi 500 metros y mediante poleas, andamios, cometas y árboles gigantescos, consiguieron fundar el monasterio de la Transfiguración o Gran Meteoro, en honor del monje fundador denominado Meteorita.

Después se fundaron 24 monasterios más y sus habitantes se hicieron fuertes contra la invasión turca, iniciándose en el siglo XVII un lento declive que culminó en el siglo XIX, quedándose los monasterios casi sin habitantes. De la época de mayor esplendor quedan aún siete, aunque solamente el Gran Meteoro, el Osios Varlaam, el Agios Stefanos, y el Agias Trias, están aún ocupados. Hoy en día el turista puede acceder al interior mediante unas escaleras talladas en la roca e incluso disponen de un puente para ver el Agios Stefanos.

Aunque la contemplación del paisaje desde esos lugares es por sí mismo motivo de interés, el turista puede contemplar a lo lejos el legendario Olimpo, y numerosos frescos en cualquiera de ellos, algunos de los cuales están decorados con iconostasios del siglo XVI.

El monasterio de Osios Varlaam fue reconstruido en el siglo XVI, y en la Iglesia de Todos los Santos destacan los frescos post-bizantinos de Franco Castellano representando el Juicio Final y a San Juan Bautista.

El Agios Stefanos, durante unos años convento y orfanato, posee algunos tesoros entregados por Andrónico III, mientras que en el Agios Nikolaos, anterior escuela bizantina, están interesantes frescos de Teófano el Cretense.

Terminología esencial

Eremita:

Ermitaño
Anacoreta:
Persona, principalmente monje, que vive en lugar solitario, y que se entrega enteramente a la contemplación y a la penitencia.
Iconostasios:
Retablos con imágenes sagradas pintadas que constan de una puerta mayor y a su lado dos menores que aíslan el presbiterio y su altar del resto de la iglesia.

REINO UNIDO

Calzada de los gigantes

A los pies de los acantilados basálticos que se extienden en la franja nororiental de la costa de Irlanda del Norte, la Calzada de los Gigantes se compone de unas 40.000 columnas que sobresalen del mar. La sobrecogedora escena ha inspirado las leyendas de gigantes enamorados que atravesaban el mar hasta Escocia.

El estudio de estas formaciones por los geólogos durante 300 años ha contribuido notablemente al desarrollo de las ciencias de la tierra, pues demuestra que este abrupto paisaje fue causado por actividades volcánicas durante el período Terciario, hace unos 50 ó 60 millones de años. Su procedencia aún no está definida, ya que existe una teoría que afirma que las rocas surgieron en forma de magma, desde el interior de la tierra, mientras que otros están seguros que fueron los mares los causantes. También hay algunos que prefieren la idea mitológica del gigante Finn Mc Cool, quien arrojó en una ocasión un puñado de tierra sobre su enemigo escocés. De resultas de ello hizo un boquete en la tierra que dio lugar al lago de Neaght, mientras que un fragmento de esa roca llegó hasta el sur dando lugar a la isla de Man. La actual Calzada de los Gigantes fue igualmente obra suya, pues cuando se enamoró de una mujer de la isla de Antrin construyó una calzada para unir ambas tierras y todavía se pueden ver restos de aquel regalo de amor.

El interés turístico de la zona se centra en los acantilados de basalto que bordean la meseta de Antrim y en el espesor de las lavas solidificadas que puede llegar hasta los treinta metros de altura. Como consecuencia del enfriamiento lento y regular de la parte inferior y el rápido de la superior, al contacto con el aire, las líneas de fractura se desarrollaron perpendicularmente a la superficie de las coladas basálticas. Por ello podemos ver ahora

columnas verticales y otras oblicuas, consecuencia de los
mantos de lava que se deslizaron por un plano inclinado.

Isla St. Kilda

Este archipiélago volcánico, que comprende las islas de Hirta,
Dun, Soay y Boreray, con sus espectaculares paisajes a lo largo
de la costa de las Hébridas, incluye algunos de los acantilados
más altos de Europa, los cuales sirven de refugio a varias
colonias de extrañas especies de aves, algunas en peligro de
extinción.
Situada a cien millas al oeste de las Hébridas, su formación se
remonta al período Terciario y se cree fue originada por los
restos fragmentados de un volcán y posteriormente por la acción
de los vientos marinos y los hielos. Una de sus peculiaridades es
la gran diferencia que existe entre su ladera este, con verdes
praderas carentes de árboles, y la vertiente occidental que posee
los acantilados más altos de Europa con desniveles de hasta 430
metros.
La presencia del Hombre se muestra clara en el siglo X, pues
todavía existen restos de construcciones religiosas e incluso
aldeas, aunque se cree que con posterioridad fueron invadidas
por los vikingos. Allí se desarrolló una vida placentera y una
economía óptima gracias a la pesca, el marisco y la crianza del
cordero, así como por la abundancia de aves marinas que
proporcionaban huevos y comida. Su abandono ocurrió en el
año 1930 y hasta que no fue declarada reserva natural no motivó
el interés de las gentes.

Fauna

Se encuentran en este rudo paisaje aves marinas pelágicas
procedentes del océano Atlántico, entre ellas el alcatraz, el paiño
Leach, el apiño común, el arao común y el aliblanco, así como el
frailecillo. Esta ave se captura en vuelo siguiendo una antigua
tradición, mediante una red (salabre) puesta sobre una vara de

más de cinco metros. Cuando el animal aparece se alza la vara y se le atrapa como si fuera una mariposa.

También están presentes otras aves marinas como el fulmar, la pardela pichoneta, la gaviota sombría y la tridáctila, así como el págalo grande y el cormorán moñudo.

Isla Henderson

En la parte oriental del Pacífico Sur, la isla de Henderson es uno de los pocos atolones del mundo que conserva su ecología prácticamente inalterada por el hombre. Su solitaria ubicación permite el estudio de las dinámicas de la evolución insular y de la selección natural. Se destacan particularmente diez plantas y cuatro especies de aves que son exclusivas de esta isla.

Situada en el archipiélago Pitcairn, al este de la Polinesia francesa, es una de las cuatro islas bajo soberanía británica que posee la peculiaridad de ser un atolón coralino elevado y boscoso. El aislamiento que sus características le han proporcionado durante siglos ha motivado que se desarrollen especies propias y que ni siquiera hayan estado alteradas por la presencia humana. La isla Henderson, además, tiene poca agua dulce, es de relieve abrupto, con escarpadas fosas calizas llenas de inexpugnable vegetación y todo ello ocasiona que sea ciertamente hostil establecerse allí.

Flora y fauna

Podemos ver al pájaro bobo enmascarado, la golondrina de mar azul-grisácea, pardelas, fragatas y diversas variedades de pájaros tropicales. También abunda el albatros y así hasta 24 especies y subespecies de aves, algunas de las cuales se desarrollan de forma endémica, especialmente aquellas que han perdido la facultad para volar. También se encuentran la paloma esmeralda, el rascón y el carricero de Henderson, así como la cotorra.

En cuanto a las plantas se han catalogado como diez especies endémicas, pues apenas existen depredadores naturales que las afecten, siendo de especial interés un árbol de sándalo y algunos arbustos de la familia de las Compuestas.

Terminología esencial

Atolón:
Isla de forma anular, con una laguna interior que comunica con el mar.
Albatros:
Ave palmípeda, de color blanco, muy voraz y buena voladora, con alas y cola muy largas.

Reserva de Fauna de la isla Gough

La isla Gough, en el Atlántico sur, es una de las islas menos alteradas y una de las que mejor conserva su ecosistema marino en las zonas de temperatura fría. Posee una de las mayores colonias de aves marinas en el mundo, además de presentar un espectacular escenario de acantilados elevándose sobre el océano. La isla es también residencia de dos especies endémicas de pájaros terrestres y doce especies endémicas de plantas.

ALEMANIA

Fósiles de Messel Pit

Messel Pit es el lugar más apropiado para comprender el modo de vida de la era eocénica, entre 57 y 36 millones de años antes de Cristo. Concretamente, proporcionó información única sobre las primeras etapas de la evolución de los mamíferos, incluyendo fósiles en excelente estado de conservación, entre los que se encuentran completos esqueletos articulados y otras valiosas piezas.

SUECIA

Región de Laponia

La región del círculo ártico del norte de Suecia es el hogar del pueblo saami. Es el mayor y uno de los últimos lugares con un ancestral modo de vida que se basa en el movimiento por temporadas del ganado. Todos los veranos, los saami dirigen sus grandes manadas de renos hacia las montañas a través de un hasta ahora bien conservado paraje natural. El proceso histórico de los terrenos y sus movimientos geológicos son apreciables, conservando bellos rasgos, con profundos valles y poderosos ríos.

ESLOVENIA

Grutas de Skocjan

Excepcional sistema de cuevas en piedra caliza que contiene derrumbamientos repartidos a lo largo de 5 kilómetros de pasajes subterráneos, cuevas con más de 200 metros de profundidad y muchas cascadas. Es uno de los lugares más famosos en el mundo para el estudio del fenómeno cárstico.
Situadas al suroeste del país, cerca de la frontera con Italia, estas grutas se extienden por doscientas hectáreas, en cuyo interior existe una red subterránea que llega hasta el golfo de Trieste. Por allí corre el río Reka durante un recorrido de 350 metros y reaparece a 150 metros de profundidad, volviendo a desaparecer en una gran galería, localizándose hasta cinco galerías y un canal en un recorrido total de dos kilómetros. En su trayecto encontramos enormes salas, galerías gigantes, repisas escalonadas, rocas con formas caprichosas y saltos de agua

sonoros y espectaculares. Todo ello iluminado por una luz fantasmal que alarga aún más con sus sombras las numerosas estalactitas y estalagmitas que frecuentemente encontramos unidas. Este recorrido de cinco kilómetros, a doscientos treinta metros bajo tierra, fue empleado ya hace diez mil años por el ser humano y así fue hasta la Edad Media, momento en el cual se ocuparon las tierras de los alrededores.

Flora y fauna

Interesantes son los helechos como el culantrillo, así como la campanilla y las diversas prímulas. Esta vegetación tan exigua es suficiente para que se desarrollen roedores como el topillo nival y el treparriscos, así como diferentes tipos de murciélagos, contando todos con la numerosa presencia de insectos, su alimento preferido. Estas especies han perdido parcialmente la facultad de volar, aunque en contrapartida han desarrollado mucho más sus patas y el sentido del tacto.
Finalmente y con un interés especial, está la salamandra Proteo, un animal de 30 centímetros de largo que es capaz de vivir en el agua gracias a sus branquias externas.

Terminología esencial

Cárstico:
Formaciones calizas producidas por la acción erosiva o disolvente del agua.

CROACIA

Parque Nacional de Plitvice

Durante miles de años, las aguas que fluyen a través de la tiza y la piedra caliza han ido sedimentando barreras, creando embalses naturales que a su vez forman bonitos lagos, cuevas y cascadas. Este proceso geológico continúa hoy mientras los bosques del parque sirven de refugio a osos, lobos y muchas raras especies de aves. También ha estado habitado por el Hombre, pues allí vivieron celtas, turcos, romanos, croatas y serbios, algunos peleando entre sí y otros compartiendo, además de servir como refugio habitual para los bandidos.

Este Parque Natural, situado en el centro del país, posee una extensión de 33.000 hectáreas y está situado sobre una cuenca hidrográfica en la cual se encuentran veinte lagos unidos por bellas y enormes cascadas, todos ellos nutriéndose de los ríos Negro y Blanco. Anteriormente refugio de bandoleros, la zona no fue manipulada ni alterada por el ser humano (ni siquiera existían mapas exactos) y la Leyenda de la Dama Negra contribuyó a darle cierto misticismo que aún perdura. Esta señora parece ser que tenía mucha influencia en los cielos y por ello pidió a Dios que ayudara a mitigar el hambre de su pueblo, ruego que tuvo como fruto el río Negro originado por fuertes lluvias. Otros dicen que, en realidad, no fue Dios quien trajo la lluvia sino que fueron las lágrimas de la Dama Negra, caídas desde el Cielo, las que fertilizaron el lugar.

Lo cierto es que ahora, con sus 280 millones de años de antigüedad, formado por enormes cantidades de sedimentos acumulados sobre el anterior lecho marino, sus rocas contienen gran presencia de restos de animales y plantas, endurecidas por litificación. Emergidas del mar hace 25 millones de años, los depósitos calizos se doblaron y aplastaron, ocasionando diversas formas y perfiles que junto con la acción del hielo y el agua, dieron lugar a su estado actual.

Los Lagos

Los lagos de Plitvice se encuentran rodeados de un frondoso bosque en el que predominan abetos y hayas, existiendo, además, abedules en las zonas más elevadas, mientras que el enebro predomina por su facilidad de supervivencia en terrenos calizos y cálidos.

El bosque alberga una rica fauna entre la que destacan el oso pardo, el jabalí y el corzo, por lo que el parque ostenta la categoría de reserva.

El Parque Nacional de los Lagos Plitvice fue creado en 1949 sobre una cuenca hidrográfica aislada entre formaciones de caliza cuya superficie componen veinte lagos encadenados por bonitas cascadas. Estos lagos reciben el agua fundamentalmente de los ríos Negro y Blanci. De la unión de estos dos surge el Korana que acaba en el Saba y éste, a su vez, en el Danubio.

Existen dos grupos principales de lagos, Koziak Jezero y Prescansko Jezero, que se encuentran separados unos cuatro kilómetros, y cuyos caudales de agua están influenciados por la estación del año, lo mismo que la vegetación que rodea sus orillas.

La diferente estructura geológica indica un violento pasado. Las rocas, de naturaleza orgánica, adquirieron distinta composición y dureza, pues los restos no se acumularon homogéneamente; mientras los depósitos calizos del Secundario se doblaban y elevaban, otras zonas se hundían en marcadas depresiones. Más tarde, las inclemencias meteorológicas dieron al paisaje su forma actual.

Flora y fauna

Mientras que en las aguas del río Korama crecen abundantes bacterias, musgos y algas que forman un velo en la superficie sin impedir la oxigenación, a su paso por las rocas de Plitvice logran arrastrar sales de carbonato cálcico y magnésico. Con estos nutrientes que la vegetación es capaz de asimilar, se forman rocas y diques que aumentan sensiblemente cada año.

En sus espesos bosques podemos encontrar abetos, hayas y abedules, así como mezclas únicas de estas especies, además de enebros bien adaptados al sol intenso y al terreno.

En cuanto a animales es importante destacar la presencia cada vez mayor del oso pardo, así como lobos, jabalís, corzos y roedores.

En épocas de tranquilidad política, el parque es visitado anualmente por más de un millón de personas, pues cuenta con numerosos senderos construidos recientemente y que cruzan los lagos, así como pequeñas barcas que le permiten ver los rincones más inaccesibles.

BIELORUSIA

Bosque de Bialowieza

Localizada entre las cuencas de los mares Báltico y Negro, esta inmensa cadena forestal, compuesta de árboles de hoja perenne y de hoja caduca, es el hogar de algunas especies animales de notable interés, incluyendo mamíferos como el lobo, el lince, la nutria, así como unos 300 bisontes europeos, una especie que ha sido reintroducida en el parque.

Con un total de 87.000 hectáreas ocupadas por un extenso bosque de llanura, nos encontramos con un terreno de gran riqueza botánica gracias a sus suelos pesados, profundos, encharcados y bien drenados, que unido a unas precipitaciones medias de 585 mm y una temperatura que nunca supera los 17º, proporcionan unas características únicas.

Flora y fauna

Se cuentan hasta 950 especies de fanerógamas, casi 40 de helechos y numerosos líquenes y musgos, así como casi 1.000 hongos. También hay árboles como el roble albar, la picea, el tilo, el almez, numerosos abedules, pino albar y sauces.

Junto a esta riqueza botánica este bosque posee la peculiaridad única en Europa de contar con numerosas parejas de bisontes, el mismo animal que fue representado en las cuevas de Altamira. Cuando se daba por extinguida la especie en el año 1910, se constituyó trece años más tarde la Sociedad para la Protección del Bisonte y contando con unos pocos ejemplares cautivos en zoológicos europeos se consiguió reunir en 1949 casi 50 ejemplares, alcanzando los 1.600 en 1976.

Otro aspecto singular en este bosque es la presencia del caballo de Przewalski, una raza similar al Tarpán, el cual se considera uno de los pocos animales salvajes en el continente euroasiático. También se encuentran ejemplares del lince boreal, la nutria y el castor, así como unas 200 especies de aves.

Terminología esencial

Fanerógamas:
Plantas cuyos órganos sexuales se distinguen a simple vista, efectuándose la fecundación en la flor.

BULGARIA

Reserva natural de Srebarna

La Reserva Natural de Srebarna es un lago de agua dulce contiguo al Danubio que se extiende en un espacio de 600 hectáreas. Es el lugar de crianza de al menos 100 especies de pájaros, muchas de ellas únicas o en peligro de extinción. Además, otras 80 especies de aves migratorias buscan refugio en esta reserva cada invierno.

Situada a 18 kilómetros al oeste de Silistra, junto a la frontera con Rumania, esta reserva consta ahora de 600 hectáreas distribuidas alrededor de la laguna del mismo nombre, a su vez asentada sobre capas calizas recubiertas por arcillas del Plioceno. En tierra firme vemos zonas onduladas con vegetación estepárica y bosquetes que se desarrollan en un clima típicamente mediterráneo, con temperaturas que oscilan entre los 2 y los 28 grados.

Flora y fauna

En las orillas de la laguna encontramos sauces y alisos, mientras que en el agua se contabilizan por lo menos 400 especies de algas y grandes masas de carrizo. No obstante, lo que aporta categoría a este lago son sus aves acuáticas, con un total de 21 especies, así como la gran cantidad de ranas comunes, galápagos europeos, y culebras de collar y teselada. En aguas más profundas existe diversidad de peces como el lucio, tenca, escardinio, carpín dorado, perca, así como algunas especies introducidas recientemente como la carpa y la brema.

En tierra árida se encuentran grandes cantidades de tortugas griegas, culebras de Esculapio, lagartos verdes y víboras cornudas. También y quizá como especies más importantes, están los cisnes, la focha común, los ánades reales y los comunes, sumando en total hasta 179 especies de aves, de las cuales 99 tienen sus nidos allí. No menos importante es la colonia de pelícanos ceñudos, con un total de 70 parejas, anteriormente en peligro de extinción pues se empleaba su bolsa para fabricar petacas y fundas para cuchillos. Finalmente, son interesantes las colonias de la garza real, la garcilla cangrejera, martinete, garceta grande y espátula.

Terminología esencial

Carrizo:
Planta gramínea, con la raíz larga y tallo de dos metros, que se cría cerca del agua o en las orillas, cuyas hojas sirven para forraje y con las panojas se hacen escobas.
Espátula:
Ave zancuda de muy hermoso plumaje, blanco o rosado, pico en forma de espátula y pies amarillentos.

Parque natural de Pirin

El parque tiene un bello paisaje balcánico de piedra caliza, con sus lagos, cascadas, cuevas y bosques de pinos, y una rica flora compuesta por una abundante variedad de especies vegetales. Las escarpadas montañas, con alrededor de setenta lagos glaciales que se esparcen por todas ellas, son una reliquia de las antiguas épocas glaciales de Europa.
Situado al suroeste del país, en la provincia de Blagoevgrad, tiene una extensión de 27.400 hectáreas y supone una zona fría dentro de un lugar cálido, por lo que constituye una reserva imprescindible para muchas especies. Formado durante el Mioceno y el Plioceno, es ahora un macizo calizo alternado con terrenos cristalinos que han dado lugar a fenómenos de karstificación, aportando así un bello paisaje de dolinas, torcas, grutas y galerías.

Flora y fauna

Morada ancestral del dios Perún, controlador de tempestades, truenos y tormentas, aporta enormes bosques de coníferas en alturas no superiores a los 2.200 metros, mientras que más allá están los prados alpinos y subalpinos, además de numerosas rocas desnudas. De especial interés es el pino de Baikushevo, con una antigüedad de mil trescientos años, así como el abeto rojo, el arándano negro y rojo, el tejo y la lonicera. También están presentes el pino de Macedonia, y flores como la amapola, el edelweiss de Pirin y la violeta.

Los animales no tienen problemas para encontrar alimentos, incluso en la alta montaña, siendo abundantes el oso pardo, el rebeco y el águila real.

MACEDONIA

Ohrid y su lago

Situada a orillas del lago Ohrid, e incluida como Patrimonio de la Humanidad desde el año 1.979, la ciudad de Ohrid es uno de los asentamientos humanos más antiguos de Europa, construyéndose en su mayoría entre los siglos VII y XIX. Conserva el monasterio eslavo de mayor antigüedad, el de San Pantelejmon, y más de 800 iconos de estilo bizantino, pintados entre el siglo XI y finales del XIV, los cuales son considerados, después de los de la Galería Tretiakov de Moscú, la colección más importante del mundo.

El lago tiene más de 30 Km de longitud, una anchura máxima de 14 Km y una profundidad que alcanzan los 294 metros, lo que proporciona nada menos que 50.000 hectómetros cúbicos de agua dulce. En su interior existen numerosas especies arcaicas del terciario, como las esponjas endémicas, así como 60 especies de caracoles acuáticos y tres de truchas.

La ciudad de Ohrid no es menos importante que su lago encontrándose puntos de interés en las basílicas paleocristianas de Imaret y la de San Erasmo, esta última con 650 metros cuadrados de mosaicos. Entre sus numerosas iglesias hay que destacar San Pantelejmon donde se encuentra la tumba de San Clemente, la de San Miguel, la catedral de Santa Sofía, famosa por sus pinturas al fresco, y la iglesia de Santa Virgen-Perivleptos. También son importantes la iglesia de San Juan Bogoslov-Kaneo que posee cien metros cuadrados de frescos, el templo de los Santos Cosme y Damián, y la iglesia consagrada al emperador Constantino y a su madre.

RUMANIA

Delta del Danubio

Las aguas del Danubio, el cual desemboca en el mar Negro, junto a la frontera con Ucrania, forman el mayor y mejor conservado delta de Europa. Alberga unas 300 especies de aves y alrededor de 45 especies de peces de agua dulce en sus numerosos lagos y pantanos.

Ahora el río posee un canal navegable de 65 Km de largo, desde Dobrudja hasta Agigea, en parte para compensar la profundidad de sus aguas, y, por tanto, la capacidad de transporte, a causa de la pérdida en altura desde su nacimiento en la Selva Negra hasta la desembocadura en el mar. Allí se encuentra con dos fuerzas opuestas, la del mar y la velocidad del propio río, que ocasionan sedimentos y posteriormente pequeños islotes, los cuales, a su vez, han ocasionado los diferentes brazos del delta. Este terreno avanza firmemente hacia el mar, robándole metros y formando una letra delta invertida.

El Danubio aporta un caudal de agua de 6.300 metros cúbicos por segundo, a los que van unidos numerosos materiales en suspensión que son los elementos que le ha robado al mar 45 metros de su terreno. Indudablemente, estos deshechos son ricos en nutrientes y ofrecen un soporte extraordinario para multitud de especies, tanto marinas como aéreas, consiguiendo igualmente una vegetación fértil y exuberante.

Flora y fauna

Se conocen al menos 1.200 especies de plantas y 100 de aves, la mayoría de ellas concentradas por millares, tal es la cantidad de alimento disponible. Allí se puede encontrar flotando en la superficie el nenúfar amarillo y el bocado de rana, mientras que en tierra firme son abundantes el fresno, aliso, sauce y el roble, todos ellos desbordados por la abundancia de juncales que se diseminan por una superficie de 240.000 hectáreas.

Respecto a las aves y teniendo en cuenta que es una zona idónea para las migratorias, se concentran periódicamente 250 especies de todos los países, entre ellas el águila pomerana, el halcón sacre, la garceta común y los fumareles. En el interior de sus aguas, tan abundante que la pesca apenas está prohibida, encontramos esturiones (de los cuales se consigue el caviar), algunos con un peso superior a la tonelada, y otras 110 especies no menos importantes. Finalmente, existen numerosos reptiles como el enorme lagarto de cristal, la venenosa víbora cornuda y la lagartija de prado.

Terminología esencial

Juncales:
Planta con cañas o tallos de seis a ocho decímetros de largo, lisos, cilíndricos, flexibles, puntiagudos, de color verde oscuro por fuera y esponjosos y blancos en el interior, que se cría en terrenos pantanosos.

Nenúfar:
Planta de flores blancas o amarillas que flota en la superficie del agua de lagos y deltas.

Garceta:
Ave zancuda, de plumaje blanco y cabeza con penacho corto.

RUSIA

Bosque Virgin Komi

El bosque Virgin Komi cubre 3,28 millones de hectáreas de tundra y montañas en los Urales, siendo una de las áreas mayores de Europa que conserva todavía bosque virgen boreal. Este gran espacio de coníferas, álamos, abedules, turberas, ríos y lagos naturales, ha sido controlado y estudiado durante más de cincuenta años, proporcionando una valiosa evidencia del proceso natural de afectación de la biodiversidad en la taiga.

Terminología esencial

Taiga:
Selva de subsuelo helado, formada en su mayor parte de coníferas. Está limitada al sur por la estepa y al norte por la tundra.

Volcanes

Los volcanes de Kamchatka forman una de las regiones volcánicas más destacadas del mundo, tanto por su alta actividad como por la variedad de tipos y la amplia gama de rasgos volcánicos que aportan. Los cinco lugares que forman esta denominación colectiva agrupan la mayoría de las características volcánicas de la península de Kamchatka. La localización peninsular entre una gran masa continental y el océano Pacífico, también exhibe unas características exclusivas presentadas por el transcurso de la actividad volcánica y la colonización de las especies. Además de sus aspectos geológicos, el lugar es de una excepcional belleza, con grandes concentraciones de fauna.

Lago Baikal

Situado en el sureste de Siberia, en la Federación Rusa, el lago Baikal, cuya extensión es de 3,15 millones de hectáreas, es el lago más antiguo (25 millones de años) y el más profundo (1.700 metros) del mundo. Contiene el 20% del total de las reservas mundiales de agua no congelada. Conocido como las islas "Galápagos de Rusia", su antigüedad y aislamiento han producido una de las más ricas e inusuales faunas de agua dulce del mundo, la cual es excepcionalmente valiosa para la evolución científica. La diversidad biológica del lago Baikal lo convierte en uno de los lagos más valiosos de la Tierra.

Federación Rusa
Montañas Doradas de Altai

Las Montañas Altai, al Sur de Siberia, forman la mayor cordillera montañosa al Oeste de la región biogeográfica de Siberia y proporcionan la fuente de sus ríos mayores: el Ob y el Irtysh. Se inscriben tres áreas separadas: Altaisky Zapovednik, con un límite alrededor del Lago Teletskoye; Katunsjy Zapovednik, que limita alrededor del Mt. Belukha, y el Ukok Quiet Zone, en la Planicie Ukok. La región representa la secuencia más completa de zonas de vegetación altitudinal en Siberia, desde el bosque de estepa, el bosque mixto, vegetación subalpina y vegetación alpina. El lugar es también un importante hábitat para especies animales en peligro, tales como el leopardo de las nieves.

YUGOSLAVIA

Parque Nacional Durmitor

Formado por glaciares y cortado por ríos subterráneos y de superficie, Durmitor es un llamativo y bello parque natural. A lo largo del Cañón del río Tara, donde se halla el barranco más profundo de Europa, la densidad de los bosques de pinos está salpicada con lagos de extraordinaria claridad y abrigos para una amplia variedad de flora.

Situado a 350 Km al suroeste de Belgrado, aporta al estudioso un terreno calizo único, además de numerosos lagos de montaña y uno de los bosques más hermosos de Europa, todos con adecuados medios de acceso. Allí, en el lago Negro está la cueva Helada, cuyo nombre le viene de las formas que adopta el hielo en los meses de invierno. Aunque ya no existen glaciales, quedan aún las consecuencias de ellos en forma de los 16 lagos permanentes y cuatro circos, aunque ahora el clima benigno ha cubierto todo el contorno de abundante vegetación.

No menos importante es el Cañón del río Tara, que con su recorrido de 150 Km es el más largo de Europa, rivalizando con el Gran Cañón del Colorado pues su altura con respecto al río alcanza los 1.100 metros.

Flora y fauna

Encontramos abundancia de gencianas, de pinos negros centenarios, así como de abundantes coníferas. En cuanto a animales están el urogallo, el rebeco y el topillo nival. En sus aguas viven el anfibio proteo, numerosas salamandras y tritones, así como salmones, truchas y tímalos.

Terminología esencial

Tímalos:

Pez parecido al salmón que habita en aguas dulces.

GEORGIA

Alto Svaneti

Preservada por su prolongado aislamiento, la región del Alto Svaneti del Cáucaso es un ejemplo excepcional de escenario montañoso con villas de tipo medieval y casas-torre. La villa de Chazhasti tuvo más de 200 de esas originales casas que fueron utilizadas como viviendas y como puesto de defensa contra los invasores que plagaron la región.

OMAN

Santuario Árabe Oryx

El Santuario del Oryx árabe es un área en la provincia del Desierto Árabe. Esta región destaca por su viable población de Gacela árabe además de ser un hábitat para varias especies, con una muy diversa avifauna. Esta es una de las mayores áreas protegidas en la región e incluye la libre expansión de rebaños de Oryx árabe en el mundo. La exitosa reintroducción del Oryx ha sido parte de un proceso para rehabilitar un ecosistema desierto diverso y único.

TURQUÍA

Parque Nacional Göreme y los Sitios Rocosos de Capadocia

En un paisaje espectacular, enteramente formado por la erosión, el Valle Göreme y sus alrededores contiene santuarios cortados en la roca, proporcionando irremplazables evidencias del arte Bizantino en el periodo post-iconoclasta. Viviendas, aldeas trogloditas y ciudades subterráneas, representan un tradicional hábitat humano que data del siglo IV y que puede verse también allí.

Está situado en el centro del país y gracias a su roca volcánica y a la vegetación, se originó un aspecto de cuento de hadas y fantasía que se asemeja a la Ciudad Encantada. En él se encuentran chimeneas, alamedas, rocas volcánicas, pináculos rocosos y escaleras talladas en la roca, en cuyos lugares habitaron tribus semitas hace cuatro mil quinientos años. Allí llegaron igualmente tribus asirias e hititas, dando lugar a una mezcla de culturas y arquitectura extraordinaria, consiguiendo entre todos que Capadocia se convirtiera en el granero de la zona. También llegaron los griegos, los persas y los romanos, pasando a ser parte de la provincia romana de Galacia en el siglo II d.C.

ARGELIA

Parque Nacional Tassili N´Ajjer

Situado en un extraño paisaje de gran interés geológico, en la frontera con Níger y Libia, este lugar contiene uno de los grupos más importantes de arte prehistórico en el mundo. Más de 15.000 pinturas y grabados muestran los cambios climáticos, las migraciones animales y la evolución de la vida humana en el Sahara, desde el 6000 a.C. a los primeros siglos de la era actual. Las formaciones geológicas son de impresionante interés escénico, con piedras areniscas erosionadas que forman "bosques de roca".

Antigua zona fluvial, en la cual vivían animales y seres humanos sin problemas, aún se puede encontrar en el subsuelo una extensa red hidrográfica y numerosas muestras, unas diez mil, del arte rupestre humano con pinturas de arte neolítico, algunas con un tamaño superior a los siete metros de altura. También hay muestras de cerámica, de piedras empleadas en la molienda del cereal, túmulos, sepulturas diversas y hasta monumentos funerarios importantes.

Flora y fauna

La progresiva aridez del terreno hace difícil la vida allí, pero aún podemos encontrar cipreses y palmerales, lo mismo que abundantes dromedarios, caballos y ovejas.

TÚNEZ

Parque Nacional Ichkeul

El lago Ichkeul y las tierras húmedas son un punto de escala para cientos de miles de aves migratorias, tales como patos, gansos, cigüeñas y flamencos rosas, entre otros, que vienen a comer y anidar aquí. El lago es el último resto en una cadena de lagos que una vez se extendieron a través del Norte africano.
Se encuentra enclavado en Biserta, a 30 Km al noroeste de Túnez, en medio de la laguna de Biserta y los arroyos de Tinja, Joumine y Sejnane, lo que le aporta una mezcla de agua dulce y salada única. Justo en su centro se eleva un risco de más de 500 metros de altura, una mole de dolomita recubierta de arcilla.

Flora y fauna

La abundante lluvia otoñal permite que se desarrollen espigas de agua, la castañuela y las náyades de agua salada, mientras que la superficie del lago se cubre de una espesa capa de eneas. Esta poco variada vegetación no impide que lleguen hasta el lago numerosas especies que permanecerán mientras quede agua, emigrando con posterioridad a la laguna de Biserta.
En otoño, por tanto, encontramos patos cuchara, porrones comunes, focha común, frisos y numerosos ejemplares del ánsar

común. Cuando las aguas dulces disminuyen y aumenta la proporción de agua salada, aparecen el calamón, la focha cornuda y el tarro canelo. También hay abundancia de flamencos, garzas reales, mientras que en tierra posiblemente se puedan ver aún ejemplares del búfalo de agua, ahora mezclado con el búfalo indio.

Terminología esencial

Dolomita:
Roca formada por el carbonato doble de cal y magnesio, así como sílice.

CHINA

Monte Taishan

El sagrado Monte Tai ha sido objeto de una peregrinación imperial durante cerca de 2000 años, y las obras maestras artísticas contenidas en él están en perfecta armonía con el paisaje natural. Ha sido siempre una fuente de inspiración para artistas, estudiantes y simbolistas de la antigua civilización y creencias chinas.
Situado a 400 kilómetros de Pekín, en la ciudad de Jinan, es una de las cinco montañas sagradas del taoísmo, y se cree que surgió del propio creador del universo, el gran Pangu, hace unos 500 millones de años. En sus laderas alberga 22 templos y otros monumentos históricos, así como una compacta vegetación que llega hasta la cúspide situada a más de 1.500 metros. El ser humano pudo habitar esta zona durante el Paleolítico Superior, dato que parece comprobado por la presencia del pitecántropo Hombre de Yiyuan.
Con el paso de los siglos se convirtió en una montaña sagrada, morada de los dioses, y se levantaron numerosos templos, con cientos de estatuas y elementos decorativos de gran valor. Las

819 tablillas de piedra, así como las 1.018 inscripciones grabadas sobre enormes monolitos, le conceden más interés, lo mismo que el hecho de poseer el primer templo taoísta construido en China. También son importantes el palacio del Tiankuangdian (Don del Cielo), el Daizong Fang (Dios Taishan), el templo de Confucio, el de los Diez mil Inmortales, el templo de Bixangong (Nube Celeste) y la puerta Zhongtianmen (Puerta Celestial)

Flora y fauna

Se contabilizan casi 1.000 especies vegetales, entre ellas 500 con propiedades medicinales y gran cantidad de árboles centenarios. También hay numerosas especies animales, entre ellas 122 de pájaros, así como en sus aguas encontramos el pez de escamas rojas.

Monte Huangshan

Huangshan, conocido como "el más adorable monte de China" fue aclamado a través del arte y la literatura durante buena parte de la historia China (el estilo Shanshui "montaña y agua") de mediados del siglo XVI. Hoy mantiene la misma fascinación para visitantes, poetas, pintores y fotógrafos quienes vienen en peregrinaje a este encantador lugar, renombrado por su magnífico escenario hecho de muchos picos de granito y rocas emergiendo de un mar de nubes.
El mayor atractivo de esta zona son sus peculiares rocas, de enorme y asombrosa presencia, clasificada en 36 picos mayores y otros 36 menores, en cuyos alrededores se origina una cadena con altos picos y una pendiente superior al 60%, siendo habituales las paredes totalmente verticales. Allí están la monumental Cima Brillante y la torre de la Capital Celeste, y entre ambas hay manantiales de agua caliente y cascadas que originan densas nubes entre las cimas. Esta niebla natural aporta un interés especial para los visitantes, pues se mueve como si

fueran olas marinas, mientras que las fuentes proporcionan aguas medicinales y baños termales, además de 20 lagos y 9 estanques.

Flora y fauna

La gran humedad origina una vegetación frondosa, con 1.450 plantas de interés botánico y medicinal, así como 170 especies de aves y 300 de vertebrados, que subsisten sin ningún problema en esta tierra fértil y húmeda.

Valle Escénico Jiuzhaigou y área de interés histórico

Extendiéndose en la parte norte de la Provincia de Sichuan, el dentado Valle Jiuzhaigou alcanza una altura de más de 4.800 metros, comprendiendo una serie de diversos ecosistemas forestales. Sus espléndidos paisajes son especialmente interesantes por sus series de estrechas formas cónicas de tierra kárstica y espectaculares cascadas. Unas 140 especies de pájaros habitan también el valle, además de un número de plantas en peligro de extinción y varias especies animales.

La región china de Sichuan es un país de nubes y dentro de ella, el valle de Jiuzhaigou, salpicado de lagunas y cascadas, ocupa un lugar preponderante. Los numerosos lagos alpinos muestran el origen glaciar del valle. En su accidentado relieve, Jiuzhaigou contiene nueve aldeas tibetanas y se caracteriza por su paisaje repleto de saltos de agua, lagos y depósitos calcáreos, pero, sin duda, su mayor importancia le viene por ser una de las principales reservas para la protección del oso panda.

Hay que tener en cuenta que sus montañas sirven de límite entre dos regiones biogeográficas, la paleártica y la oriental, unidas entre sí por valles, creando un particular ecosistema que sirve de hábitat a diversas especies. Por último, llaman la atención en Jiuzhaigou sus enormes picos cubiertos de nieves perpetuas y las selvas de difícil acceso.

Con abundante vegetación en cotas de hasta 2.000 metros y nieves perpetuas a 4.800 metros de altura, sus cordilleras suponen una barrera infranqueable para los fuertes vientos monzónicos. Ello le permite tener gran abundancia de brumas y humedad que le han otorgado categoría de lugar para leyendas, con fantasmas y seres extraños como habitantes habituales. A ello ha contribuido no poco el misticismo de las aldeas tibetanas que se establecieron a lo largo del río Nourilang, con sus monjes tomando duchas energéticas en las heladas cascadas, mientras efectuaban complicados mantras.

Allí se desarrolló una de las más famosas leyendas, la del héroe Dagor y la diosa Ngono quien tuvo la desgracia de dejar caer el espejo mágico que le había regalado su amado, rompiéndose en 108 pedazos en los terrenos del ser humano, cada uno de los cuales dio origen a un lago. Esta leyenda es una muestra más de la gran imaginación china y de su afición a otorgar nombres míticos a todos sus lugares preferidos.

La senda para los turistas está bien diferenciada y aunque no excesivamente cómoda, al menos permite llegar a los lugares más importantes, como el medio centenar de lagos, las cumbres más accesibles, la selva de bambúes y el gran lago denominado como Mar Largo, de 20 Km de longitud. También se pueden visitar la Montaña de la Diosa, el estanque de los Cinco colores, la cañada de Xize y el manantial Pendiente del Precipicio Espada. Igualmente importantes son la cascada de Xionguashai de 78 metros de caída, la de Zengzhutan con 28 metros y algunas de las seis aldeas tibetanas que aún perduran activas.

Flora y fauna

La climatología asociada a la diferencia de altura ha dado lugar a una amplia variedad de flora que incluye desde las nieves perpetuas, con sus praderas alpinas, pasando por el bosque subtropical, hasta llegar al bosque mixto con alguna formación de coníferas en las zonas más bajas. La vegetación está estratificada por alturas.

Respecto a la fauna, las antiguas montañas han permitido que diversas especies primitivas llegasen hasta nuestros días. Este es el caso del mono dorado de nariz respingona, aunque, sin duda, el protagonista de la región es el particular oso panda. Se han censado, además, 141 especies de aves.

Respecto a la vida humana, se conservan aún seis aldeas, pero el proyecto de protección del oso panda ha impedido su crecimiento y excesivo desarrollo y, en un futuro, se planea desplazar a sus habitantes.

Huanglong Escénico y área de interés histórico

Situado en el noroeste de la provincia de Sichuan, el valle Huanglong está formado por picos con capas de nieve y el más oriental de todos los glaciares chinos. Además de su paisaje montañoso, diversos ecosistemas forestales pueden encontrarse allí, junto con espectaculares formaciones en piedra caliza, cascadas y manantiales calientes. El área también tuvo una población de animales en peligro, incluyendo el panda gigante y el mono chato de oro de Sichuan.

Wulingyuan Escénico y área de interés histórico

Un área espectacular que se extiende sobre la provincia china de Hunan y que se distingue por sus más de 3.000 estrechos pilares y picos de piedra arenisca, algunos con más de 200 metros de alto. Entre los picos yacen barrancos y gargantas con arroyos, charcas y cascadas y unas 40 cuevas, además de dos largos puentes naturales. Junto a la impactante belleza de su paisaje, la región destaca por el hecho de que alberga gran número de plantas en peligro y especies animales.

Allí se encuentran 3.100 montículos de paredes verticales, con numerosas grutas y simas, entre las cuales destacan la gruta del

Dragón Amarillo y la de Huanglon, en cuyo interior se pueden contemplar espectaculares cascadas.

Flora y fauna

Las sucesivas exploraciones realizadas en el siglo XX permitieron establecer al menos 500 lugares de interés turístico, además de catalogarse 3.000 especies de plantas, entre ellas el tejo chino, el antiguo Ginkgo Biloba, numerosos rododendros y múltiples flores aromáticas.
También se encuentran 17 tipos de reptiles, 53 aves, 12 anfibios y 34 mamíferos, sin olvidar a la salamandra gigante, la pantera nebulosa, el oso negro y el hidropote chino.

Parque Nacional Lushan

El Monte Lushanm, en Jiangxi, es uno de los centros espirituales de la civilización china. Templos Budistas y Taoístas, junto con un conocido lugar del Confucianismo, donde los más eminentes maestros enseñaron, se mezclan bien en este hermoso paisaje que ha inspirado a innumerables artistas que desarrollaron el acceso estético a la naturaleza encontrado en la cultura china.

Área Escénica Monte Emei y el área del Buda Gigante en Leshan

El primer templo Budista en China fue construido aquí en la Provincia de Sichuan en los hermosos alrededores del Monte Emei. La añadidura de otros templos convirtió el lugar en uno de los principales lugares santos del Budismo y durante siglos los tesoros culturales crecieron en número. El más notable fue el Buda Gigante de Leshan, cavado en una ladera en el siglo VIII, pues con 71 metros de alto, es el Buda mayor del mundo. El Monte Emei es también notable por diversa vegetación, que va desde subtropical a bosques de pino subalpino, algunos de cuyos árboles tienen más de mil años.

AUSTRALIA

Parque Nacional Kakadu

Esta reserva arqueológica y etnológica, localizada en el Territorio del Norte, ha sido habitada continuamente por más de 40.000 años. Las pinturas de las cuevas, esculturas en la roca y lugares arqueológicos, presentan un registro de las destrezas y modos de vida de los habitantes de la región, desde los cazadores y recolectores de tiempos prehistóricos hasta la gente aborigen que sigue viviendo allí. Es un ejemplo único de un complejo de ecosistemas que proporcionan hábitat a un amplio abanico de especies raras y endémicas de plantas y animales.
Tiene una extensión de 614.000 hectáreas y aunque la mayoría es terreno bajo es frecuente ver acantilados de cincuenta metros de altura, lo que ha ocasionado la aparición de un manglar bien conservado, con sus ejemplares anclados en el fondo del estuario. Resistentes a la salinidad del agua, consiguen impedir que la acción de las mareas degrade tierra firme y albergan por ello numerosas comunidades biológicas que proporcionan fertilidad al lugar.
Allí estuvo el popular Cocodrilo Dandee, peculiar explorador inmortalizado por el cine, cuyo apodo le llegó del cocodrilo Poroso, un monstruo enorme que puede medir casi 8 metros. Este animal es capaz de adentrarse incluso en el mar y llegar a tierras más lejanas del Pacífico occidental.

El Parque Nacional Kakadu fue creado en 1979. Su parte más amplia se compone de las cuencas de los ríos East Alligator y South Alligátor y el resto de las tierras forma un ancho pasillo que incluye la desembocadura del primer río en el golfo de Van Diemen, en el mar de Arafura.
La mayoría del territorio es baja, circunstancia que favoreció el desarrollo de un extenso manglar. La vegetación está

fundamentalmente dominada por salicornias y manglares; éstos últimos se anclan en los fangosos fondos del estuario y, durante la marea alta, la base del tronco queda sumergida, ofreciendo el bosque un aspecto pantanoso. Este manglar asienta la línea de la costa, impidiendo que la fuerza de las mareas se sienta en tierra firme; por otro lado, es hábitat de una muy diversa comunidad biológica, adaptada al equilibrio tierra-agua. Entre otras, refugia a especies amenazadas como el cocodrilo de Johnson y el cocodrilo Poroso.

Durante la estación húmeda, los ríos y arroyos se desbordan, ocupando el agua amplias extensiones de terreno que quedan comunicadas con la costa a través de canales de desagüe; cuando las aguas retroceden, quedan pequeñas lagunas cubiertas de nenúfares. La zona, muy fértil, permite la existencia de pastos que favorecen la aparición de diversos animales como los wallabíes, los canguros antílopes y el dingo, el mayor depredador australiano.

En la meseta conocida como Great Western Shield han aparecido restos de diversos asentamientos y restos aborígenes, datados en cerca de 25.000 años. Se cree que los aborígenes provenían de Asia y esta hipótesis se basa en la similitud de las costumbres tribales de los "lardil", sus descendientes directos, con otras tribus del continente asiático.

La pintura ocre representó un papel decisivo en la vida de los aborígenes pues señalaban el derecho de asentamiento de una comunidad en un territorio determinado. Algunas pinturas hacían referencia a héroes legendarios o servían de escenario mágico para el desarrollo de ceremonias rituales periódicas. Otras representaciones buscaban atraer los bienes como la lluvia o la abundancia de animales y plantas.

Entre las pinturas rupestres destacan una caverna funeraria de diez mil años, el yacimiento de Nangalawuru y el de Leichhartd, en buen estado de conservación. En la actualidad, la población aborigen se ha visto seriamente diezmada por la presencia del hombre blanco.

Flora y fauna

Junto con el cocodrilo Poroso se encuentra el de Johnson, menor e inofensivo, así como la garza banca, el walaby, el canguro antílope y el tradicional dingo o perro de las praderas. También existen numerosas especies de crustáceos y peces.
Cuando retroceden las aguas las llanuras inundadas dan lugar a lagunas en donde se encuentran nenúfares, bosques de eucaliptos, numerosos musgos y líquenes, y entre todos ellos los tradicionales y gigantescos termiteros.

Gran Barrera de Arrecifes

Lugar de notable variedad y belleza en la costa norte de Australia, la Gran Barrera de Arrecifes contiene la colección de arrecifes de coral mayor del mundo, con 400 tipos de coral, 1.500 especies de peces y 4.000 tipos de moluscos. También tiene gran interés científico como hábitat de especies tales como la vaca marina y la gran tortuga verde, que están amenazadas con la extinción.
Este lugar, situado sobre la plataforma continental de Queensland, fue descubierto por el Capitán Cook, quien por cierto estuvo a punto de perecer con su barco al chocar con esta barrera de coral, considerada ya como la mayor estructura orgánica de la Tierra. Cuando la marea desciende permite ver amplias zonas de coral, mostrando un total de 2.500 arrecifes de tamaño y forma diferentes, en ocasiones separados entre ellos por minúsculos canales.

Esta gigantesca muralla de coral está formada por millones de caparazones de diminutos pólipos, a cuya muerte su esqueleto sirve para el crecimiento de un nuevo ejemplar, lo que ocasiona una propagación rápida.

Flora y fauna

La gran proliferación de la estrella de mar es el mayor peligro de
la zona pues un solo ejemplar es capaz de devorar en una
semana 0,65 metros cuadrados de arrecife, lo que multiplicado
por la gran cantidad de elementos podrían devorar un arrecife en
un solo año.
Se han catalogado 1.500 especies de peces y unas 400 de coral,
así como bellos peces mariposas, dendronefitas, el pez
portaestandarte, lo mismo que una buena vegetación de plantas
halófilas generada por las semillas que transportan los pájaros.

Terminología esencial

Pólipo:
Forma de muchos celentéreos que viven fijos en el fondo de las
aguas por uno de sus extremos, teniendo en el otro la boca, que
está rodeada de tentáculos.

Región de Lagos Willandra

Restos fósiles de una serie de lagos y formaciones de arena que
datan del Pleistoceno y que pueden ser encontrados en esta
región, junto con la evidencia arqueológica de la ocupación
humana que data de hace 40.000 años. Es un lugar único para el
estudio de la evolución humana del continente Australiano,
donde también han sido hallados varios fósiles bien preservados
de marsupiales gigantes.

Se encuentra situada al suroeste de Nueva Gales y su origen fue
ocasionado por los cambios climáticos que provocaron una gran
modificación del paisaje, incluso en este lugar que estaba
alejado de las intensas glaciaciones, especialmente las ocurridas
unos 18.000 años antes de nuestra era. Anterior región húmeda,
todavía se puede ver sus orillas gracias a la actual vegetación
que impidió la erosión. Hasta allí llegaron los hombres, hace

30.000 años, un lugar entonces privilegiado por la gran cantidad de vegetación y vida animal que había, entre ellos el tigre y el diablo de Tasmania, así como la rata canguro, especies ya extinguidas allí.

Parque Nacional de Tasmania

Situado en el centro y sur de la isla de Tasmania, ocupa una extensión de 770.000 hectáreas, teniendo su origen hace 130 millones de años, cuando el continente Gondwana se disgregó e inició un movimiento de dispersión hasta que llegó a su actual emplazamiento. Tasmania, que inicialmente permaneció unida a Australia, finalmente se separó comenzando a cambiar sensiblemente su flora y fauna, aunque algunas familias humanas permanecieron allí, como lo prueban los restos de cuevas en piedra caliza.

En una región que ha sido objeto de varias glaciaciones, estos parques y reservas, con sus escarpadas gargantas, cubren un área de cerca de un millón de hectáreas, y constituye una de las últimas extensiones de bosque húmedo templado en el mundo.

De suma importancia es la gruta Fraser, junto al río Franklin, clasificada como una de las seis más importantes arqueológicamente hablando, en la cual se han encontrado restos de utensilios humanos en perfecta conservación.

Flora y fauna

En la región abundan el mirto, los eucaliptos, los eriales alpinos y así hasta un total de 165 especies endémicas. Los animales más importantes son el legendario diablo de Tasmania, del cual todavía se conservan algunas familias, así como el lobo de Tasmania, huidizo e imposible de controlar y clasificar hasta ahora. También existen diversas especies de canguros y hasta 120 tipos de aves.

Grupo de Islas Lord Howe

Un notable ejemplo de aisladas islas oceánicas, nacidas de la
actividad volcánica a más de 2.000 metros bajo el mar. Estas
islas ostentan una espectacular topografía y protegen a
numerosas especies endémicas, sobre todo aves.
El archipiélago de Lord Howe posee una isla principal con
forma de luna creciente y abruptos perfiles, en cuyo extremo se
forma un gran arco y en su parte interna un estanque protegido
por una estructura coralina.
Su historia geológica queda definida por la amplia gama de
basaltos, lo que nos explica su origen volcánico, aunque en
realidad se trata de un volcán submarino que aún conserva cierta
actividad y que hace que el fondo marino no supere los 200
metros. En las zonas menos elevadas de la isla podemos
encontrar sedimentos calizos que originaron el coral que rodea
las islas.

Flora y fauna

Aunque la variedad vegetal no es muy extensa, su desarrollo
endémico es exclusivo de esta zona y muy diferente a cualquier
otro. Allí están siete pisos de vegetación diferente, desde la pura
selva tropical hasta la plácida pradera de gramíneas, así como
palmeras, angioespermas y helechos únicos.
La fauna es más importante que la flora y encontramos casi
100.000 parejas de charranes (golondrina de mar), petreles de
Providencia, abundantes rabijuncos rojizos, alcatraces y
charranes. También es posible encontrar todavía rascones (aves
que no vuelan) y que fueron casi exterminadas por deporte, y
por supuesto ratas negras.

Terminología esencial

Petrel:

Ave marina palmípeda, con plumaje negro en la cabeza, que se alimenta de moluscos y peces que coge volando y nadando sobre las aguas del mar.
Alcatraz:
Pelícano de plumaje pardo amarillento en el dorso y blanco en el pecho.

Reservas Forestales de la Costa Oriental

El lugar, que comprende varias áreas protegidas, está localizado a lo largo del Gran Escarpe en la Costa Este de Australia. Las sorprendentes características geológicas despliegan a su alrededor escudos de cráter volcánico y el alto número de raras y amenazadas especies de bosque húmedo son de importancia internacional para la ciencia y conservación.

Comprende un total de 17 parques nacionales a lo largo de 750 kilómetros, muchos de ellos situados sobre la caldera del volcán Warning. La abundancia de lluvia en la zona es ocasionada por los vientos húmedos del océano Pacífico que dejan caer precipitaciones intensas al chocar contra la muralla rocosa de las montañas, con un total de 2.500 mm al año. Este dato, unido a las temperaturas benignas, nunca inferiores a los 10º, así como un suelo basáltico rico en minerales, logra que la vegetación sea inmejorable.

Flora y fauna

La zona alta del bosque es abundante en coníferas y eucaliptos, así como gigantescos cedros rojos y el carabe amarillo. Sumamente importante es la presencia del ave lira, el mejor de los pájaros cantores, así como de loros, periquitos y cacatúas, cuya suma de sonidos convierten a este lugar en algo inédito.

Por supuesto hay también marsupiales, entre ellos el koala, el lobo marsupial y los canguros, así como numerosos ornitorrincos y el hormiguero espinoso.

Parque Nacional Uluru-Kata Tjuta

El parque, antes llamado Parque Nacional Uluru, muestra espectaculares formaciones geológicas que dominan la vasta planicie de arena roja de Australia central. Uluru, un inmenso monolítico, y Kata Tjuta, la cúpula de roca localizada al Oeste de Uluru, son parte del tradicional sistema religioso de una de las sociedades humanas más antiguas en el mundo. Los propietarios tradicionales de Uluru-Kata Tjuta son la gente aborigen de Anangu.

Considerado como un lugar sagrado, el macizo de Uluru muestra poderoso sus lisas paredes con pendientes de hasta un 80%, rivalizando en interés con las montañas de Kata Tjuta, pues ambos son un ejemplo de la capacidad de resistencia de sus rocas a los agentes erosivos externos. Con una composición básica de arena feldespática y arcósica, consecuencia de los cambios bruscos de temperatura a la que ha estado sometida durante milenios, Uluru es ahora una mole endurecida.

El resto del parque es igualmente interesante, pues posee dunas fijas y móviles, arenas cuaternarias, zonas vegetales únicas y dos acuíferos subterráneos que se nutren de las lluvias torrenciales, ambos con agua potable ligeramente salina. Allí estuvieron los seres humanos hace treinta mil años, encontrándose muestras de su arte y cultura, así como de su capacidad para la caza y la agricultura. Precisamente en la base del monolito de Uluru se encuentran algunas pinturas cuya antigüedad se cifra entre los 3 y los 5 mil años.

Situado dentro del desierto de Simpson, este macizo de 350 metros de altura y nueve kilómetros de perímetro en su base, teñido de rojo intenso al atardecer, parece sacado de épocas lejanas, cuando Australia había emergido totalmente. Junto a la roca Uluru, se encuentran dentro del parque al menos 36 domos similares con crestas redondeadas, valles circulares y angostos cañones de lisas paredes y pendientes inaccesibles.

Los cambios bruscos de la temperatura han creado unas rocas de suma dureza, aunque ello no ha evitado que la acción erosiva las haya moldeado hasta lograr formas, diseños y figuras curiosas que los aborígenes han otorgado categoría mágica. Habitado de manera consolidada por el ser humano hace cinco mil años, se logró sacar al lugar terrenos fértiles para el desarrollo agrícola, del mismo modo que vivieron numerosas especies animales, todo ello sin llegar a la sobreexplotación. Ello fue posible gracias a los dos acuíferos subterráneos que se nutren de las aguas torrenciales y que permiten extraer el primero de ellos 240.000 metros cúbicos anuales y el segundo hasta 700.000 de agua poco salina.

Aún hoy, el Uluru y Kata Tjuta son lugares de alto significado religioso en los cuales se han desarrollado personajes legendarios protagonistas de empresas importantes. El pueblo del pitón, el hombre lagarto de lengua azul, el pueblo de la liebre y la mujer topo, son algunos de los personajes que se pueden ver reflejados en las pinturas y que forman parte de la historia del país.

Flora

Siendo los periodos de sequía tan amplios es difícil encontrar vegetación que perdure, pero se pueden ver la hierba puerco espín, el eucalipto de río y la mulga, así como algunas casuarinas solitarias.

Terminología esencial

Casuarina:
Árbol cuyas hojas son parecidas a las plumas del casuario (ave corredora), y sus ramas producen con el viento un sonido musical.

Trópicos Húmedos de Queensland

El área, localizada en el noreste de Australia, está formada en gran parte de bosque húmedo tropical. Este biotopo ofrece un conjunto de plantas particularmente extenso y variado, además de marsupiales y pájaros cantores, junto con otras raras especies de animales y plantas en peligro de extinción.

Su alta pluviosidad y humedad no han conseguido evitar su regresión a causa de la mano del Hombre y ahora apenas disponemos de un 20% de su tamaño anterior. Considerado como un lugar de extraordinaria complejidad estructural y por ello protegido, dispone ahora de 41 parques nacionales, 15 reservas de madera y hasta 43 bosques, todo ello distribuido en 920.000 hectáreas. Las precipitaciones anuales de 1.200 mm en el Gran Escarpe oeste que ocasionan una vegetación de bosque esclerófilo seco, contrastan con los más de 4.200 mm anuales de la ladera este, lo que permite la presencia de un frondoso bosque, actualmente Patrimonio de la Humanidad.

Flora y fauna

Se encuentran en esta zona casi 1.200 especies de plantas superiores, entre ellas helechos arborescentes, lianas, musgos, palmeras, orquídeas, numerosas proteáceas, así como la parra estranguladora, el tabaco y la lantana camara, estas últimas especies invasoras que ponen en peligro el equilibrio vegetal de la zona.

Como buen bosque tropical alberga numerosas aves consumidoras de frutas, entre ellas periquitos, loros y cacatúas, así como el ave lira. También se encuentran una gran cantidad de marsupiales (el koala, entre ellos), murciélagos, anfibios, reptiles y mariposas.

Bahía Shark

En la lejana costa del oeste de Australia, la Bahía Shark, con sus islas y la arena circundante, tiene tres excepcionales características naturales: su vasto herbario marino, que es el más grande y rico del mundo, su población de vaca marina y sus estromatolitos (colonias de algas que crecen a lo largo de montículos) La Bahía Shark también acoge cinco especies de mamíferos en peligro.

Con aguas cálidas y formando un profundo entrante marino, delimitado por tres alargadas islas separadas por canales navegables, la Bahía se caracteriza por sus rocas sedimentarias originadas en el Cretácico y el Terciario, con pedernales y cristales dolomíticos.

La profundidad de la bahía es de nueve metros, aunque en lugares específicos puede llegar hasta casi los 30, vertiendo en ella los ríos Gascoyne y Wooramel y formando allí un delta. Las mareas alcanzan los 1,7 metros y el oleaje hace que las aguas estén saturadas de oxígeno, lo que ocasiona un rápido crecimiento de las praderas submarinas.

Flora y fauna

Ocupando una extensión de 370.000 hectáreas se encuentra un inmenso manto de la Amphibolis Antarctica, un hidrófito herbáceo que sirve como sustrato para las numerosas especies de algas epífitas y zoofitos, así como un estupendo refugio para los peces, las serpientes marinas y los crustáceos.

En sus aguas se encuentran la tortuga verde, la tortuga boba, numerosos dugones, la yubarta, así como la gigantesca manta raya, el pez espada, el pez martillo y el temible tiburón tigre, sin olvidar al enorme tiburón ballena que puede medir hasta 23 metros de largo.

Terminología esencial

Yubarta:
Animal parecido a la ballena con la cabeza y aletas pectorales muy largas y cubiertas de nudosidades y excrecencias.

Isla Fraser

A lo largo de la costa este de Australia se sitúa la Isla Fraser, la mayor isla de arena en el mundo. Majestuosos retazos de bosque húmedo crecen en la arena y la mitad de los lagos de agua fresca se han encontrado tierra adentro, por lo que la combinación de dunas de arena, bosques húmedos y lagos hacen de ello un lugar excepcional.

Separada de Australia por el estrecho de Great Sandy, posee un sustrato arenoso como soporte, e incluso la totalidad de la isla es arenosa y puede alcanzar los 235 metros sobre el nivel del mar. Las abultadas precipitaciones anuales, casi 1.600 mm, suministran agua al río Noosa, así como a diversos acuíferos que aportan agua a más de 40 lagos. Aunque arenoso, el terreno permanece firme gracias a la saturación de la arena por las lluvias y esta presión evita que entre el agua salada.

El Hombre estuvo allí hace cuarenta mil años, aunque hace 1.500 se estableció más sólidamente. Durante los últimos 130 años se aprovechó para extraer madera e incluso para efectuar labranza, pero su lento crecimiento obligó a abandonarla comercialmente y ahora es el turismo quien se encarga de mantenerla viva mediante las visitas en vehículos todo terreno.

Flora y fauna

Su alta humedad y la ausencia de agua salada, han creado un bosque litoral tupido que ocupa 10.500 hectáreas en aquellas zonas en donde las dunas están más elevadas.

La fauna marina es abundante y de interés, especialmente por ser lugar preferido para las tortugas marinas y algunos cetáceos. Allí se encuentra el animal de leyenda conocido vulgarmente como sirena y que en realidad es un dugong, un mamífero marino de 2,5 metros de largo con aspecto humanoide y femenino gracias a sus dos mamas. Tranquilo y confiado, ha estado varias veces al borde de la extinción, aunque ahora parece definitivamente recuperado.

Sitio de Fósiles Mamíferos Australianos

Riversleigh y Naracoorte, en el norte y sur respectivamente del este de Australia, están entre los diez lugares de fósiles mayores del mundo e ilustran soberbiamente los estados de evolución de la fauna única de Australia.

Su aislamiento durante miles de años ha ocasionado las características tan peculiares del continente australiano y aunque hace 135 millones de años permanecía anclada al continente suramericano y al asiático, su separación definitiva de ambos hace 50 millones de años le han obligado a modificar su ecosistema.

Se cuentan ya 25 yacimientos fósiles de gran importancia mundial, entre ellos el de Riversleigh situado en la cuenca del río Gregory, en el parque Lawn Hill. Este yacimiento posee la mejor colección de restos de mamíferos del Oligoceno y el Mioceno, entre ellos un mamífero monotrema de hace 15 millones de años y restos de lobos marsupiales. Otros mamíferos encontrados son 35 especies de murciélagos.

En el yacimiento de Naracoorte, situado en una llanura de arenisca, está la cueva Victoria, un importante yacimiento que se remonta al Cuaternario y al Pleistoceno. Allí hay 93 especies de vertebrados, entre ellos ranas y marsupiales gigantescos.

Islas Heard y McDonald

Las islas Heard y McDonald están localizadas en el Océano del Sur. Como las únicas islas subantárticas con actividad volcánica, "abren una ventana en la tierra", propiciando la observación de procesos geomórficos y dinamismos glaciales. El distintivo valor de conservación de Heard y McDonald, uno de los raros ecosistemas de isla prístina en nuestro globo, yace en la completa ausencia de plantas y animales extranjeros.

Isla Macquarie

La isla Macquarie está situada en el Océano del Sur, al Sudeste de Tasmania y aproximadamente a medio camino entre Australia y el continente Antártico. La isla es la zona expuesta de la submarina cresta Macquire, levantada donde la placa tectónica Indo-Australiana, y que se encuentra con la placa del Pacífico. Es el único lugar en la Tierra donde rocas del manto terrestre están expuestas sobre el nivel del mar.

INDONESIA

Parque Nacional Ujung Kulon

Este Parque Nacional incluye la península de Ujung Kulon y varias islas costeras, y abarca la reserva natural de Krakatoa. Además de su belleza natural e interés geológico, contiene el mayor lugar de bosque húmedo de tierra baja en la planicie de Java. Varias especies de plantas en peligro y animales pueden encontrarse allí, siendo el más amenazado de todos el rinoceronte de Java.

Se sitúa en el extremo occidental de la isla de Java y constituye un lugar de difícil acceso que ha permitido su conservación, aunque siempre han existido pequeños poblados que han tenido serios problemas para sobrevivir. Ahora podemos llegar a través de una carretera desde Yakarta y posteriormente en barca hasta la isla de Krakatoa, lugar de la famosa erupción del volcán en 1883 que causó 36.000 muertos, o a Peucang, Cibunar y Cijungkulon.

Flora y fauna

Todavía existen algunos ejemplares vivos del rinoceronte de Java, posiblemente unos sesenta, además del extraordinario tigre de Java, actualmente semicautivo para evitar su extinción, y el leopardo. En total hay 35 especies de mamíferos, 250 de aves y 54 entre anfibios y reptiles, así como numerosos insectos y crustáceos, como el cangrejo violinista, el cangrejo ladrón y numerosas especies de serpientes marinas. También son importantes el cerdo salvaje, el gato leopardo, el lagarto volador, la mangosta de Java, el perro silvestre y el gato pescador, todos ellos sirviéndose de alimentos unos a otros.

Igualmente de interés están el ciervo rusa y el ciervo enano, mientras que en el mar se distinguen el pez arquero y los saltarines del fango, estos últimos compartiendo terrenos húmedos con la enorme mariposa monarca.

La abundante flora permite la vida de muchas especies de animales, pues posee todas las características de un bosque tropical, con árboles que llegan hasta los 40 metros de altura, compitiendo por un espacio especies vegetales tan diversas como palmeras, cocoteros, lianas, bambúes, plantas trepadoras, el popular árbol Randu alas, así como numerosos manglares en el litoral, junto con arrecifes coralinos y rocas tapizadas por algas.

Parque Nacional Komodo

Estas islas volcánicas están habitadas por una población de cerca de 5.700 lagartos gigantes, cuya apariencia y comportamiento agresivo le han llevado a ser llamado "El dragón Komodo". No existen en ningún otro lugar y son de gran interés para los científicos que estudian la teoría de la evolución. Las robustas laderas de seca sabana y los lugares de espinosa y verde vegetación, contrastan con las brillantes y blancas playas arenosas de aguas azules surgiendo sobre el coral.

El parque se encuentra en la isla de Komodo, en el archipiélago de las Sondas Menores, y aunque no muy fértil ni diverso, permite la vida de sus especies ya que no sufre las consecuencias de los monzones y en lugar de ello aporta una pequeña cantidad de lluvia. Con una temperatura media anual de 40° y su característica volcánica, aparentemente parece un lugar desértico, pero la cadena de picos montañosos rompe esta tendencia, lo mismo que los bosques monzónicos.

La presencia humana nunca ha sido frecuente, pues el acceso por mar en peligroso a causa de los arrecifes de coral, a lo que hay que unir la carencia de agua potable.

Flora y fauna

Animales importantes son el ciervo rusa, presa favorita del dragón de Komodo, el mayor de los lagartos vivientes, pues llega a medir más de tres metros y puede pesar noventa kilos. Alimentados con huevos, aves y hasta carroña, estos animales no tienen problemas para sobrevivir y hasta son capaces de matar a los cerdos salvajes, macacos e incluso búfalos domésticos y caballos, sin olvidar a las cabras. Otras especies que viven allí son las cacatúas, algunos megapódidos y numerosas arañas gigantes.

La mayoría de los árboles poseen espinas, la hierba alcanza gran altura y existe una palma denominada lontar de la cual se extrae materia prima para elaborar cigarros. Hay abundancia de manglares y una vegetación de sabana poco arbolada.

JAPÓN

Yakushima

Localizada en el interior de la Isla Yaku, en el punto de encuentro de la región paleártica y oriental biótica, Yakushima exhibe una rica flora, con unas 1.900 especies y subespecies, incluyendo antiguos especimenes del sugi (cedro japonés) También contiene un retazo de un antiguo bosque de temperatura templada, único en la región.

El hecho de que se mezclen dos ecosistemas genera unas peculiaridades interesantes en el terreno, lo que unido a la gran cantidad de lluvia –10.000 mm anuales – y las altas temperaturas, ocasionan un bosque denso y rico en especies vegetales y animales. La zona occidental está frecuentemente cubierta de bruma y nubes, mientras que en el Kobananolgo predominan los pantanos.

Flora

La mayor afluencia turística está ocasionada por el bosque de cedros de Yakushima, un lugar sagrado al que acuden más de ocho millones de visitantes al año para visitar los legendarios y peculiares árboles, entre ellos el "tocón de Wilson", restos de un enorme cedro cortado hace cuatrocientos años.

En total se cuentan 1.900 especies diferentes, distribuidas en las zonas costeras con latifolias, en el bosque con coníferas (especialmente sugi) y en las alturas con bambúes. El cedro es, sin embargo, el árbol más venerado, quizá tanto como su religión o el monte Fuji, y algunos de sus ejemplares tienen ya 3.000 años de antigüedad y más de cincuenta metros de altura. También son frecuentes los cerezos de flores blancas.

Shirakami-Sanchi

Situado en las montañas del Norte de Honshu, a 15 Km del mar del Japón, este lugar sin huellas incluye los últimos restos vírgenes de bosque de temperatura fría, con árboles de haya de Siebold que una vez cubrieron las colinas y laderas de las montañas en el norte de Japón. El oso negro y hasta 87 especies de aves, pueden ser encontrados en este bosque.

Se trata de un lugar difícil de visitar por el turista común, pues no hay carreteras de acceso y ni siquiera paradores para albergar a la gente. El hecho de que Japón estuviera unido al continente asiático durante el Cuaternario, le ha permitido disponer de una riqueza muy superior a otras islas que han permanecido más tiempo aisladas, efecto aumentado por la ausencia de glaciaciones que asolaron otras regiones.

Flora y fauna

Según ascendemos por la montaña el bosque pierde su variedad y todo parece plagado por el haya de Siebold, una de las dos especies endémicas del país y que no encuentra un lugar mejor para perpetuarse. Este árbol pertenece al género Fagus y data del Cenozoico, época en la cual existían once variedades que poco a poco se separaron y no lograron ser tan endémicas como esta variedad. Aunque no existen carreteras se puede pasear por el bosque empleando los caminos y senderos de montaña, por los cuales llegaremos a zonas cultivadas o madereras, quedando al menos unos 100 Km2 de zona virgen.

Los animales no encuentran, sin embargo, aquí un lugar idóneo, pero se puede ver al oso pardo siberiano, al oso negro tibetano, ambos habituales cazadores nocturnos, así como el ciervo Seraw que prefiere vivir en terrenos de gran altura.

FILIPINAS

Parque Marino de Arrecifes Tubbatha

El parque cubre 33.200 hectáreas, incluyendo los arrecifes del Norte y el Sur, y es un ejemplo único de atolón de arrecifes con una alta densidad de especies marinas. La isleta del norte sirve de hábitat para aves y tortugas marinas y el lugar es un excelente ejemplo de arrecife de coral prístino con un espectacular muro perpendicular de 100 metros, extensas lagunas y dos islas de coral.

Situado en la zona central del mar de Sulú, su aspecto dicen es similar al de un gorila sentado, con una gran fosa de más de 10.000 metros de profundidad. Su parque marino posee dos atolones separados por un canal de ocho kilómetros y es la zona más importante de las cadenas tróficas del ecosistema de esa región, especialmente por la gran cantidad de larvas que produce. El atolón norte posee una laguna de 24 metros de profundidad y mientras sus orillas son arenosas en su zona meridional sobresalen dos peñascos.

La barrera de arrecifes está formada por 46 especies diferentes de coral, creado durante millones de años, entre los cuales conviven esponjas, estrellas de mar, anémonas, briozoos y 379 especies de peces.

En el atolón sur se encuentra un pequeño lago que se comunica con el mar por pequeños canales y que también posee una gran riqueza en conchas, caracolas y moluscos, siendo analizados ambos por Darwin cuando investigó la formación de los atolones para elaborar su teoría de la evolución.

De todos los arrecifes coralinos de Filipinas, Tubbataha es el que ofrece una mayor diversidad biológica, convirtiéndose en un punto clave en el ecosistema del mar de Sulú. El Parque Nacional Marino de Tubataha se estableció en 1988 para proteger los miles de hectáreas ocupadas por dos atolones que emergen, muy próximos entre sí, en la zona central del mar de Sulú.

El atolón del Norte es una plataforma arrecifal que engloba en su seno una laguna de orillas arenosas, en cuyo interior se ha formado un pequeño islote que utilizan las aves y tortugas marinas para hacer sus nidos. En el límite meridional del arrecife sobresalen de las aguas dos grandes peñascos: "la roca del Sur" y "la roca de Amos", en las que suelen posarse charranes y alcatraces.

La barrera de arrecifes se prolonga hacia el mar antes de caer bruscamente un centenar de metros en forma de pared vertical. En esta pared se han encontrado 46 géneros diferentes de corales que se unen para construir el armazón sobre el que se apoyan anémonas, estrellas de mar y, en general, todo tipo de invertebrados marinos.

Durante mucho tiempo ha sido un misterio el motivo por el cual los atolones surgen en los mares cálidos y encierran una laguna en su interior. Según la explicación de Darwin, un atolón surge como una barrera de coral que crece a poca profundidad alrededor de una isla, y dado que el coral esta formado por colonias de pólipos que necesitan vivir en aguas limpias, oxigenadas y cálidas, los arrecifes sólo podrán desarrollarse en aquellos lugares que reúnen tales condiciones, es decir, en los mares tropicales.

Si no hay cambios importantes la estructura del arrecife se mantendrá igual, pero si por cualquier proceso geológico la isla comenzara a hundirse, el arrecife crecería para mantenerse próximo a la superficie. Cuando la isla acaba por desaparecer, quedará únicamente a la vista el anillo de arrecifes que conocemos como atolón.

Flora y fauna

Los submarinistas han podido contemplar las enormes mantas, temibles morenas, así como tiburones, el pez payaso y el pez león de fuego, lo mismo que la tortuga marina. También anidan allí la tortuga verde, la tortuga laúd, y las tridacnas, unas gigantescas conchas de gran belleza.

En la superficie abundan las aves marinas como los alcatraces de patas azules y el charrán sombrío.

TAILANDIA

Santuarios de Vida Salvaje Thungyai-Huai Kha Khaeng

Extendiéndose a lo largo del límite Myanmar, el santuario se mantiene relativamente intacto y contiene ejemplos de casi todos los tipos forestales del Sudeste continental de Asia. Es hogar de una gran diversidad de animales, incluyendo el 77% de los grandes mamíferos (especialmente elefantes y tigres), el 50% de las grandes aves y el 33% de los vertebrados terrestres que pueden ser encontrados en esta región.

Su formación comenzó hace 45 millones de años, cuando surgió la cordillera del Himalaya y se formaron los plegamientos de la península de Indochina, circunstancias que determinaron las características de Tailandia, antiguo Siam. Tampoco allí llegaron las glaciaciones del Cuaternario y ello permitió la supervivencia de la mayoría de las especies y que sirviera de refugio a otras de lugares vecinos. Este lugar, no obstante, es difícil de visitar, pues las visitas turísticas están prohibidas y solamente se permiten por motivos científicos o educacionales.

Abundan los mántidos, los reptiles como la agama mariposa, el banteng, el tokai, lo mismo que el gaur.

Sitio Arqueológico Ban Chiang

Considerado el más importante asentamiento prehistórico descubierto en el Sudeste de Asia, Ban Chiang fue el centro de un notable fenómeno de evolución humana cultural, social y tecnológica. El lugar presenta la más temprana evidencia de agricultura en la región y de la manufactura y uso de metales.

Se encuentra en la provincia de Udon Thani a 50 Km de la ciudad, y existen pruebas de la presencia del hombre en el año 4000 a.C. así como de su agricultura y ganadería. Este pueblo estuvo muy bien organizado y gozó de cierta opulencia económica, consiguiendo buenas plantaciones de arroz, así como adecuadas construcciones, refugios y materiales cerámicos. Con el tiempo aprendieron a elaborar objetos de hierro y bronce y por ello ahora es posible encontrar numerosos restos de esa época.

Las diferentes excavaciones han permitido descubrir sus monumentos funerarios, uno de ellos abierto al público, así como su buen gusto para los elementos decorativos.

VIETNAM

Bahía Ha Long

La Bahía Ha Long, localizada en el Golfo de Tomkin, incluye unas 1.600 islas e isletas, aunque hay quien considera que son 3.000, que forman un espectacular paisaje marítimo de pilares de piedra caliza. Por su precipitosa naturaleza, la mayoría de las islas están deshabitadas e inalteradas por el hombre. El excepcional valor estético de este lugar está complementado por su gran interés biológico.

Con un perfil de gran peñascos verticales, formados posiblemente por la acción del agua, su nacimiento es explicado por los más ancianos del lugar como la consecuencia de un dragón llegado desde el cielo y que se vio en la obligación de expulsar dramáticamente a los invasores extranjeros. El resultado de esa leyenda es que ese lugar es ahora motivo de interés esotérico y religioso para pescadores y navegantes, a lo que ha contribuido las extrañas formas de las rocas.

La intensa humedad les permite estar cubiertos de abundante vegetación y el resultado es tan espectacular que hace que sea visitado anualmente por más de un millón de personas. Allí se ven numerosas cuevas y simas profundas, algunas de las cuales necesitan de elementos especiales para poder llegar a ellas.

NUEVA ZELANDA

Te Wahipounamu

En el Sudeste de Nueva Zelanda, este parque ofrece un paisaje formado por sucesivas glaciaciones en fiordos, costas rocosas, imponentes acantilados, lagos y cascadas. Dos tercios del parque están cubiertos con haya del Sur, algunas de los cuales tienen hasta 800 años. El kea, único loro alpino del mundo, vive en el parque, como también el raro y amenazado takahe, un gran pájaro que no vuela.

Parque Nacional Tongariro

En 1993 Tongariro llegó a ser la primera propiedad en ser inscrita en la Lista del Patrimonio Mundial bajo el criterio que describe paisajes culturales, aunque ya había sido declarada como Parque Nacional en 1894, una vez que el gobierno británico compró algunos terrenos para ampliarlos hasta las 25.000 hectáreas. Las montañas en el corazón del parque tienen significación cultural y religiosa para la gente Maori y simboliza los vínculos espirituales entre esta comunidad y su entorno. En concreto, la leyenda nos dice que allí vivió Maui, un valiente navegante de canoa que fue capaz de atrapar al sol para que realizara su misión diaria de salir al amanecer y esconderse en el ocaso. También fue el creador de la Isla Sur, formada con los restos de su propia canoa.
Después llegaron personajes algo más reales como Kupé, quien en el siglo X denominó al lugar como islas Aotearoa, siendo

avistadas siglos después por el propio Magallanes durante su exploración en globo. Posteriormente arribaron Luis Vaez de Torres, el holandés Abel Tasman y el aún más popular capitán Cook, un británico que fue quien en realidad consiguió que se establecieran allí los europeos.

El parque contiene volcanes activos y extintos (Ruapehu, Ngauruhoe, Tongariro), así como un diverso rango de ecosistemas y paisajes altamente escénicos y atractivos, especialmente la visita al fondo de los volcanes. Está enclavado en la zona central de la Isla Norte y en una extensión de 79.000 hectáreas muestra la gran diferencia entre la nieve, los bosques, pastizales y volcanes, además de alguna gran cascada. Esta gran diversidad le proporciona una gran belleza y puede considerarse un parque único precisamente por ello. La parte más importante se encuentra en los volcanes Ngauruhue, Ruapehu y Tongarino, ambos muy diferentes pues los glaciares les han afectado de modo dispar.

El núcleo central del parque lo constituye, pues, la meseta volcánica de Waikato, en la que se elevan los volcanes, aún activos y muy diferentes entre sí, como el Tongariro, que da nombre a la zona. En el Ruapehu, por ejemplo, se puede descender durante 1,5 Km a través de las grietas de su pared para llegar a un hermoso lago de aguas cálidas que alberga. Se trata de una montaña en cuya cima los glaciares descienden encajados en su parte exterior por profundos barrancos; aunque al descender por el cráter las grietas y hendiduras aparecen rellenas de hielo. Por su parte, Ngauruhue tiene forma de cono, sobre el que apenas hay vegetación, y en su interior el cráter tiene una pequeña boca de barro ardiente.

El Tongariro no es un único volcán, sino que está compuesto de pequeños cráteres, algunos inactivos y otros que emiten vapores sulfurosos de forma intermitente.

La roca más abundante de sus suelos es la grauvaca, una oscura roca sedimentaria que no pudo formarse por la acción de los elementos propios de la isla. Su origen queda explicado cuando sabemos que la actual Nueva Zelanda formó parte del antiguo continente de Gondwana, que comenzó a fracturarse hace 150 millones de años y que dio origen a América.

El Parque Nacional Tongariro, de gran diversidad, constituye pues un caso único entre los parques del mundo por la compleja relación que guarda entre paisaje y cultura popular. Para los Maoríes, pobladores de este archipiélago, los hombres son hijos de la madre tierra y el padre cielo, por lo que su relación con el paisaje es de absoluto respeto.

Flora y fauna

Su unión hace millones de años al continente suramericano ha ocasionado que conserve parte de sus características y por ello su flora se asemeja mucho, aunque no así su fauna de la cual solamente encontramos a dos especies de murciélagos comunes.

El parque posee numerosos contrastes por la presencia simultánea de fuego y nieve, pastizales y bosques, unidos a los páramos desérticos que sirven para albergar a especies como el oposum.

Islas Subantárticas de Nueva Zelanda

Las Islas Sub-Antárticas de Nueva Zelanda incluyen cinco grupos de islas: las Snares, Islas Bounty, Islas Antípodas, Islas Auckland e Isla Campbell en el Sur del Océano al Sudeste de Nueva Zelanda. Estas islas tienen un alto nivel de productividad, biodiversidad, densidad de población de vida salvaje y endemismos entre las aves, plantas e invertebrados. Son particularmente notables por el gran número y diversidad de aves marinas pelágicas que anidan allí.

INDIA

Parque Nacional de Kaziranga

En el corazón de Assam, este parque es una de las últimas áreas en el Norte de la India no tocadas por el hombre. En el parque Kaziranga habita la mayor población de rinocerontes de un solo cuerno, además de otros mamíferos como tigres, elefantes, panteras, osos y miles de pájaros.
Con una extensión de 43.000 hectáreas y situado en el estado de Assam, ha conseguido permanecer virgen a pesar del gran crecimiento de la población y la proliferación de las zonas de cultivo. Situado en medio de un gran valle, plenamente inundado de agua y por ello con amplias zonas pantanosas, posee igualmente zonas de bosque tropical húmedo más propias de zonas cálidas, así como zonas arboladas con ejemplares que forman un techo que impide la llegada de la luz solar al suelo.

Fauna

No es difícil ver numerosos rinocerontes indios, ejemplar de un solo cuerno, durante la visita a lomos de los elefantes, ni tampoco contemplar búfalos asiáticos bañándose en los estanques. También son abundantes los sambares pastando en las llanuras, aunque ya apenas se encuentran tigres o leopardos, depredadores naturales que diezmaron, junto con el ser humano, la población de búfalos.

Abunda igualmente el ciervo cerdo, más parecido a un jabalí que a un ciervo en su forma de correr, lo mismo que el oso bezudo y el langur. En cuanto a las aves encontramos la avutarda de vientre negro, la grulla india, el pescador pigargo de Pallas, así como al delfín del Ganges.

Santuario de Fauna Manas

En una ligera pendiente en las estribaciones del Himalaya, donde las arboladas colinas dan camino al aluvial de tierra verde y bosque tropical, el Santuario Manas sirve de hogar a gran variedad de vida salvaje, incluyendo muchas especies en peligro, como el tigre, el cerdo pigmeo, el rinoceronte indio y el elefante.

Con una extensión de 39.100 hectáreas y aspecto de triángulo equilátero, fue considerada en la antigüedad como una paraíso de jardines dorados e incluso morada de dioses. Ahora es una de las mejores reservas del Tigre de Manas, pues se trata de un lugar llano protegido de los fuertes vientos por el Himalaya y con numerosos arroyos de aguas poco veloces. La sabana posee una vegetación típica de un bosque tropical, algo más húmedo en la zona sur, mientras que las zonas inferiores son praderas herbáceas y abundante agua.

Flora y fauna

Junto con la presencia del majestuoso tigre de Manas está la no menos imponente pantera nebulosa, sumamente hábil para trepar por los troncos de los árboles en busca de su presa.

También existe en las zonas más elevadas del Parque, precisamente donde el bosque es más espeso, el enorme oso bezudo, afortunadamente comedor de bayas y frutos, así como el oso hormiguero (comedor de termitas), el pangolín (mamífero desdentado, cubierto de escamas duras y puntiagudas que puede erizar, y que se enrolla como una bola), el sambar, el rinoceronte de un solo cuerno, numerosas especies de reptiles, anfibios, liebres, el búfalo acuático que permanece en el agua para evitar los mosquitos, y algunos jabalís.

Parque Nacional Keoladeo

La antigua reserva de caza de patos de los Maharajáes permanece como una de las mayores áreas de invierno para gran número de aves acuáticas de Afganistán, Turkmenistán, China y Siberia. En el Parque se han registrado unas 364 especies de aves, incluyendo la rara Grulla Siberiana.
Situada en el estado de Rajasthan con 2.800 hectáreas, constituye un oasis dentro de una zona desértica y seca. Tal es la importancia de esta zona privilegiada que ha sido necesario instalar medidas de seguridad para impedir que las gentes se infiltren y terminen degradando irremediablemente el lugar.
Existen en el Parque al menos 10 estanques de gran tamaño, comunicados entre sí mediante esclusas, y alimentados por las lluvias monzónicas que caen habitualmente en el mes de julio. Los estanques pronto se quedan anegados y antes de empezar a descender son el lugar elegido para miles de aves. Para impedir que se quede seco por lluvias insuficientes, se abastece también del agua embalsada procedente de dos ríos.

Flora y fauna

Toda la superficie está cubierta de maleza y arbustos, además de árboles, hasta un total de 227 especies diferentes, entre los cuales destacan los árboles babul y kadam. En cuanto a las aves que llegan en la época de lluvia se han calculado unas 400.000, las cuales no tienen problema de comida debido a la gran cantidad de insectos, algas y peces que se desarrollan rápidamente.
Hay animales como la ardilla listada, la ibis de pico amarillo, mamíferos como el nilgai, bellos loros como el de collar dorado, lo mismo que monos, chacales, antílopes e incluso gatos. También hay serpientes como la cobra real y la víbora, e incluso bastantes ejemplares de la serpiente pitón y grandes aves como el cormorán gigante, la garza real, y hasta una gran manada de

búfalos silvestres. No menos interesante es la grulla sarus, la cigüeña de pico abierto o la ibis pinto y blanco.

Parque Nacional Sundarbans

El parque Sundarbans cubre una cuadra de 10.000 Km de tierra y agua (más de la mitad en la India y el resto en Bangladesh), en el delta del Ganges y supone la mayor región del mundo de bosque de mangles. Un número de raras especies en peligro viven en el parque, incluyendo tigres, mamíferos acuáticos, pájaros y reptiles.
Situado al norte de la bahía de Bengala, es una región beneficiada por las lluvias monzónicas que se dan entre marzo y septiembre, aunque su peculiar situación impide que el efecto devastador se deje sentir allí.

Fauna

Se trata de una reserva clave para el tigre del cual se han conseguido preservar casi 300 ejemplares, aunque para evitar su voracidad se han instalado sendos cables electrificados, conocidos como pastores eléctricos. Allí se encuentran especies tan importantes y atractivas como la cigüeña de cuello negro, el marabú, el delfín del Ganges que se reproduce sin problemas, la tortuga fluvial y por supuesto el cocodrilo poroso con sus 10 metros de largo. También abundan el jabalí y el ciervo.

Parque Nacional Nanda Devi

El Parque Nacional Nanda Devi es una de las áreas de páramo más espectaculares en el Himalaya, y está dominada por el pico de Nanda Devi, que alcanza 7.800 metros. Ningún humano vive en el parque, que ha permanecido más o menos intacto a causa de su inaccesibilidad, aunque es el hábitat de varios mamíferos en peligro, especialmente el leopardo de nieve y el almizclero del Himalaya y Bharal.

Antigua morada de los dioses a la cual se puede acceder entre
los meses de mayo a octubre, se trata de una zona nevada con
picos que alcanzan más de 6.000 metros de altura. Uno de los
picos mayores, el Nanda Oeste, presenta plegamientos intensos
y llamativos causados por las tensiones de la placa tectónica del
continente indio. En la confluencia de los ríos Rishi norte y sur
se forma una inmensa catarata que para muchos es una de las
más bellas del mundo.

Flora y fauna

Abajo se encuentran varios bosques de abetos, junto con
rododendros arbóreos, lo mismo que numerosos abedules. Las
nieves perpetuas están situadas a 4.500 metros y una vez
iniciado en las zonas inferiores el agua llega a una pradera
ligeramente fértil que sirve de alimento a muchas especies.
Entre los animales encontramos al almizclero de afilados
colmillos, la cabra tahr himalaya, la cabra azul y el leopardo de
las nieves.

SRI LANKA

Reserva Forestal Sinharaja

Localizada en el Sudeste de Sri Lanka, Sinharaja es la última
área viable para el bosque húmedo tropical primario del país, en
donde más del 60% de los árboles son endémicos y muchos de
ellos son considerados raros. Hay mucha vida salvaje endémica,
especialmente aves, pero la reserva es también hogar para un
50% de las especies endémicas de mamíferos y mariposas,
además de muchos tipos de insectos, reptiles y raros anfibios.
Con una extensión de 8.800 hectáreas, la mayoría de difícil
acceso, aporta un paisaje ondulado, con crestas, valles y ríos,
todo sometido a la intensidad de los monzones que aportan hasta
5.000 mm anuales. Esta reserva se hacía imprescindible en un

país en el cual la necesidad de alimentos y materia prima es imperiosa, pues se ha buscado nuevos terrenos para el cultivo, bosques de árboles para madera y praderas para plantar té.

Flora y fauna

Antiguo bosque real, en su interior se encuentran numerosas plantas medicinales de gran valor, árboles raros que solamente se encuentran allí, y especies vegetales en peligro de extinción. De importancia es la palmera azucarera kitul, el resinoso wun y el medicinal weniwal. También son abundantes las coníferas y los eucaliptos, bambú y otras especies endémicas de menor importancia.
Los animales encuentran, por tanto, un hábitat estupendo para su desarrollo y podemos encontrar al elefante asilvestrado, el elefante asiático, el leopardo y el carricero cingalés. También es importante la gran cantidad de mariposas, así como el cucal a punto de extinción, el malkoha carirrojo, el cuco koel indio, el garrulax, numerosas ardillas, urracas, y numerosas colonias de palomas.

NEPAL

Parque Nacional Sagarmatha

Sagarmatha es un área excepcional con montañas, glaciares y profundos valles, dominada por el Monte Everest, el pico más alto del mundo (8.848 metros) El parque abriga varias especies raras, tales como el leopardo de nieve y el panda menor. La presencia de los Sherpas, con su única cultura, añade más interés al lugar.
Tiene una extensión de 125.000 hectáreas y esta inmensa cantidad de roca, hielo y nieve, inhóspita para la mayoría de los seres vivos, constituye el punto de interés para cualquier amante de las grandes aventuras. Fue originada por el choque de las

placas tectónicas de la India y el continente asiático septentrional, que ocasionó una elevación de la llanura tibetana de cuatro mil metros, más otros tres mil posteriormente que dieron lugar a lo que conocemos como Everest. Es por eso que allí encontramos sedimentos metamórficos, junto con granitos y rocas sedimentarias que quedan al descubierto cuando se funden los hielos en alturas inferiores a los 5.000 metros y que dan lugar a arroyos bravíos de agua pobre en oxígeno.

El medio físico de Sagarmatha queda perfectamente descrito con los términos de roca, hielo y agua. La roca forma los cuatro enormes picos del parque, incluido en famoso Everest, y el hielo, junto al viento, es lo único que rompe el silencio en las cotas más altas, en forma de seracs, aludes, etc. Cuando los hielos descienden de sus dominios, se funden en arroyos blanquecinos, inadecuados para la vida por su alta concentración de polvo calizo y el escaso oxígeno disuelto.

Según la teoría tectónica de las placas, la gran cadena del Himalaya tuvo su origen en el choque entre las placas de la India y el continente septentrional asiático, lo que provocó que las segundas montaran sobre las primeras. A principios del Pleistoceno, la llanura tibetana sufrió una primera elevación, y posteriormente, en una segunda fase, se produjo un nuevo levantamiento, creando la cadena montañosa más elevada de la tierra. Este conjunto de procesos explica la particular naturaleza geológica del macizo.

Flora y fauna

Es difícil creer que allí, entre el frío y la nieve, pueda existir vida, pero la vegetación aparece sin problemas por debajo de los 5.000 metros y encontramos numerosos abetos y rododendros, mientras que un poco más abajo hay robles y enebros, todo tradicional de las praderas alpinas. Desde esa altura hasta los 6.000 metros es cuando la vegetación disminuye drásticamente y ya solamente encontramos plantas sin tallo, rastreras y arbustos retorcidos.

Entre los animales se encuentran el almizclero y la pantera de las nieves, aunque casi al borde de la extinción. Las aves pueden sobrevivir mejor y por eso existen el buitre quebrantahuesos, la chova piquirroja y el faisán del Himalaya.

Debido al enorme gradiente de las alturas, el Parque Nacional encierra un valioso elenco de las zonas de vegetación características del Himalaya y el piso inferior se encuentra ocupado por un bosque montano de roble, reemplazado en ciertos sectores por pinares introducidos. A partir de los 3.000 metros aparece el piso subalpino, caracterizado por abetos, abedules y rododendros.

La cota de los 4.000 metros marca el límite superior de la vegetación arborescente, a partir de la cual comienza el piso alpino caracterizado por enebros rastreros, algunos rododendros y pradera alpinas. Mil metros más arriba se localiza la zona subnival, donde escasas plantas sin tallo y arbustos retorcidos soportan los vientos y hielos. Por encima de los 6.000 metros no hay vegetación.

Las aves son abundantes en Sargamatha y mención especial merecen el quebrantahuesos, el faisán del Himalaya y la chova piquirroja. Entre los mamíferos, debe destacarse el almizclero y el irbis o pantera de las nieves. La zona del Himalaya cuenta con unos habitantes de excepción: los sherpas, sin cuya ayuda sería imposible la visita a la zona y las escaladas que tanta fama han otorgado a los occidentales. El Yak, un toro peludo de enormes cuernos, es el animal doméstico de este pueblo.

Terminología esencial

Gradiente:
Diferencia de presión barométrica entre dos puntos.
Tectónica:
Parte de la geología que estudia la estructura de la corteza terrestre.

Parque Nacional Real Chitwan

Al pie del Himalaya, Chitwan es una de las pocas áreas sin
alterar de la región Terai que antiguamente se extendían sobre
las estribaciones de India y Nepal, con su rica flora y fauna. Una
de las últimas poblaciones de rinoceronte asiático de un solo
cuerno viven en el parque, que es también uno de los últimos
refugios del tigre de Bengala.
Tiene una extensión de 93.000 hectáreas que comienza en el
bajo monte del Himalaya, a los pies de la cordillera Siwalik,
aunque las formaciones rocosas altas son poco frecuentes.
Separado de la zona habitada por los ríos Narayani y Rapti,
consiguen que este gran caudal de agua aporte la humedad
necesaria para el mantenimiento del bosque, sin olvidar las
lluvias monzónicas del lugar que ocasionan numerosas zonas
pantanosas que permanecen sin drenar por el terreno arcilloso
del fondo.

Las tensiones provocadas por la colisión entre las placas
continentales India y Asiática, más las fuerzas de deriva que
continúan provocando el ascenso de la placa India, dieron origen
a una de las regiones del planeta de mayor diversidad geológica,
topográfica y climática. Estuvo sujeta a movimientos sísmicos
de primera magnitud, al tiempo que auspiciaban la formación
de la cadena montañosa más elevada de la tierra: el Himalaya.
El Parque Nacional Real de Chitwan, creado en 1973, se sitúa en
las laderas de esta cadena, a los pies de la cordillera Siwalk. Ésta
es un conjunto de elevaciones de escasa magnitud formado por
rocas graníticas, pudingas, cuarcitas y esquistos arcillosos. El
curso del río Narayani marca el límite occidental, mientras el río
Rapti separa el parque de los terrenos de cultivo situados al
Norte. La región sufre intensamente la influencia de los
monzones.
Entre junio   y septiembre, las riadas son de tal magnitud que
alteran el curso de los ríos, provocando que meandros por los
que circulaba el agua queden aislados del curso principal. Por el

contrario, durante el resto del año la influencia de los vientos secos del Norte se deja sentir, provocando menores temperaturas y condiciones de escasa humedad ambiental.

Flora y fauna

La abundancia de bosque permite una vida intensa en su interior y allí encontramos un árbol denominado Sal, así como palmeras, pinos y cañas de bambú. La zona pantanosa es idónea para animales como el Gaur y el rinoceronte indio, así como para el ciervo chital, el sambar y el muntjac. Como depredadores por excelencia están el tigre de Bengala y el leopardo, sin olvidar al cocodrilo mugger y el gavial.

Las condiciones climáticas propician la existencia de amplias superficies boscosas y la especie dominante es el árbol autóctono que conocemos como Sal. Se extiende por áreas frescas y bien drenadas, mientras que las orillas de los ríos son ocupadas por una vegetación ripícola en forma de bosque de galería. Pinos y palmeras ocupan las colinas orientadas al mediodía, mientras el preciado bambú selecciona las laderas umbrosas.

Chitwan encierra una magnífica representación de la fauna silvestre del subcontinente Indio y el parque acoge la última población nepalesa de rinoceronte indio. La elevada productividad de las tierras subtropicales permite la presencia de buen número de ungulados, entre los que se destaca el chital, un ciervo de piel rojiza tachonada de blanco, y el sambar, de manto pardo uniforme y potente cornamenta. Entre los pequeños cérvidos destaca el muntjac, animal primitivo cuyos machos poseen un par de cuernos muy desarrollados en su mandíbula superior.

Chitwan registra la presencia del leopardo y del tigre de Bengala, y la coexistencia de tan poderosos felinos es posible gracias a una clara separación de su hábitat y presas de caza. Por otro lado, en los ríos y pantanos de Chitwan vive el mugger o cocodrilo indio.

BANGLADESH

Los Sundarbans

El bosque de mangles de los Sundarbans, uno de los mayores en el mundo, está formado en el delta de los ríos Ganges, Bramaputra y Meghna en la Bahía de Bengal. El lugar está compuesto de tres santuarios (Sundarbans Oeste, Sur y Este) con un área total de 140.000 hectáreas y se encuentra localizado al borde de los Sundarbans de la India. Los tres santuarios, interceptados por una compleja red de vías navegables de marea, llanos de barro y pequeñas islas de bosques de mangles resistentes a la sal, presentan un excelente ejemplo de proceso ecológico, manifestando los efectos de las lluvias monzónicas, la formación del delta, la influencia de las mareas y la colonización de plantas. El área es conocida por su amplia fauna que incluye 260 especies de aves, el Tigre Real de Bengala y otras especies amenazadas, como la pitón de la India.

CANADÁ

Parque Nacional de L´Anse Aux Meadows

En este lugar se encontraron los primeros trazos históricos de presencia europea en Las Américas, en un asentamiento vikingo del siglo XI, con los restos de casas de madera y tierra similares a aquéllas encontradas en Noruega.
Situado entre las provincias de Terranova y del Labrador, supone para muchos la prueba fehaciente de la presencia de los vikingos, especialmente del hijo de Erik el Rojo. El nombre del

lugar, que es una mezcla de francés e irlandés, nos da una pista sobre quiénes eran los habitantes que dejaron esas ocho ruinas. Allí se encontraron minerales de fundición como el hierro y el cobre, agujas elaboradas con huesos, husos para hilar, todo ello igual a lo que existe abundantemente en otros lugares escandinavos. Por ello, este lugar constituye aún hoy un punto de discordia entre quienes afirman que los primeros colonizadores de América del Norte fueron los vikingos y quienes sostienen que solamente podemos tener pruebas de que fue Cristóbal Colón quien inició el descubrimiento.

Parque Nacional Nahanni

Localizado a lo largo del Río Nahanni, uno de los más espectaculares ríos salvajes en América del norte, este parque contiene profundos cañones, enormes cascadas y un sistema único de cuevas de piedra caliza. El parque sirve también de hogar a animales en su bosque boreal, tales como cabras montesas, ovejas, lobos, osos pardos y caribúes.
Con una extensión de 478.000 hectáreas, constituye una maravillosa zona vegetal entre praderas y tundras, en las cuales comparten terreno las montañas rocosas y las llanuras forestales. Sus imponentes y tortuosos ríos que ocasionan altas cascadas y tranquilos lagos, entre ellos las cataratas Virginia y el lago Esmeralda, contrastan con los acantilados del río Nahanni. Mientras que el cauce del río discurre durante más de 300 kilómetros, las cataratas Virginia proporcionan un espectáculo único en América del Norte, pues posee una caída de casi 100 metros y una anchura de 200 metros dividida por un enorme peñasco.
Si nos adentramos en el curso del río veremos desfiladeros de hasta 1.500 metros de altura, y pasaremos a través de diversos cañones, hasta llegar al Primero en el cual encontramos numerosas cuevas, torres, chimeneas, fuentes termales y arroyos subterráneos.

El río Nahanni nace en las estribaciones del Monte Christie, fuera del parque, y su cuenca, casi recta, está flanqueada por dos grandes cadenas, las Montañas Mackenzie al Este y los montes Selwyng al Oeste, justo sobre la frontera del Yukón. El parque se extiende en torno a sus aguas, cubriendo meandros, cascadas y cañones que son testimonio de la historia geológica de la zona.

En el centro del parque se encuentra el mayor salto de agua de América del Norte, las cataratas Virginia, que asombran desde sus 92 metros de altura. En medio, un peñasco divide las aguas mostrando que el punto estuvo ocupado por una lengua glaciar. Más abajo, las aguas alcanzan el Primer Cañón, un área caliza donde la fuerza del agua ha creado diversas cuevas y arroyos subterráneos, corredores y dolinas, y donde, por supuesto, no faltan las fuentes termales. Antes de ello han pasado por el Segundo Cañón y el Valle Deadmen, así como por el Tercer Cañón, donde debe pasar por The Gate a través de angostas zonas rocosas que parecen cerrarle el paso. Finalmente, aparecen numerosas cuevas, arroyos subterráneos, torres, corredores y chimeneas, así como una aldea en la cual viven todavía indios.

Aunque ahora se trata de una zona parcialmente conocida y explorada, anteriormente fue lugar de numerosas epopeyas y desgracias para el hombre, cuando la fiebre del oro del siglo XIX llevó allí a numerosas personas en busca de una vida mejor. Los indios no aceptaron de buen grado la presencia de extraños y numerosos aventureros murieron en sus manos, comportándose con especial agresividad una tribu gobernada por una mujer. Estos indios tenían como costumbre cortar la cabeza a sus víctimas y ponerla en lugar visible para que sirviera de advertencia a los nuevos intrusos, por lo que la zona fue conocida como la Puerta del Infierno. En la actualidad, solamente se puede acceder al parque mediante pequeñas avionetas y una vez allí es imprescindible ser acompañado por expertos guías.

Flora y fauna

Los animales como el oso grizzli y el negro encuentran numerosos lugares para habitar, lo mismo que el alce, rebeco, caribú y el carnero. Igualmente son numerosas las aves, entre ellas el halcón peregrino, el águila dorada, ambas sumamente protegidas, así como el cisne trompetero.

Aunque este parque no es excesivamente alto, está condicionado por una sinuosa topografía, repleta de planicies elevadas, barrancos y cortados. Entre la vegetación domina el bosque de coníferas, con ejemplares de abeto blanco, abeto negro y pino de Lodgepole. En las zonas cercanas al agua abundan los abedules, sauces y álamos temblones y, por último, en las zonas más elevadas, aparecen musgos y líquenes.

Respecto a la fauna, son propios del parque el oso grizzli y el oso negro americano, aunque también pueden verse el rebeco blanco, el caribú, alces y una peculiar especie, el carnero de Dall. Por otra parte, Nahanni alberga varios grupos de aves amenazadas, entre las que cabe destacar al halcón peregrino y el águila dorada, aunque posee especial protagonismo el cisne trompetero, que tiene allí uno de sus principales lugares de reproducción.

Parque Provincial de los Dinosaurios

Además de unos hermosos paisajes, el parque, localizado en la Provincia de Alberta, contiene algunos de los descubrimientos fósiles más importantes jamás hechos desde la "Edad de los Reptiles", en particular, unas 60 especies, representativas de siete familias de dinosaurios, que datan de hace unos 75 millones de años.

Posee una extensión de 5.965 hectáreas, llegando a ser el punto de reunión clave para multitud de científicos que buscaban restos de dinosaurios. Por desgracia, las miles de piezas encontradas se desperdigaron por el mundo entero, aunque una gran cantidad todavía permanece en museo de Canadá y América.

Se han conseguido clasificar al menos 70 tipos de dinosaurios y algunos se han podido reconstruir completamente, así como hay esqueletos de tortugas, lagartos, anfibios y marsupiales, la mayoría con una antigüedad de setenta y cinco millones de años. Ahora también se encuentran animales como el ciervo mulo, el ciervo cola blanca, aunque el interés por la zona sigue centrándose en las rocas, entre ellas la bentonita, y fósiles pertenecientes al Cretácico Superior.

Precipicio de los Bisontes

Al Sudoeste de Alberta, restos de caminos marcados, de un campo y un túmulo donde pueden encontrarse gran cantidad de esqueletos de bisonte, dan testimonio de una costumbre practicada por los autóctonos de las planicies del Norte de América durante cerca de 6.000 años. Gracias a su excelente conocimiento de la topografía y del comportamiento del bisonte, ellos asesinaban al búfalo persiguiéndolo hasta un precipicio.
Para lograr este acto en apariencia sencillo se debía conducir primeramente a los animales a través de pastizales, riachuelos y colinas durante tres kilómetros, empleando numerosos trucos para que no detectaran la presencia de los humanos, distribuidos en quinientos lugares estratégicos. El lugar elegido para despeñarlos impedía el retroceso o la frenada, pues una vez espantados en la dirección elegida no había manera de detenerlos. El precipicio tiene una altura de 20 metros y cuando caían, unos encima de otros, todavía vivían malheridos hasta que llegaban los hombres y les degollaban, recogiendo solamente las partes más útiles. Un poco más lejos se preparaba la piel mediante grasa del propio animal, se recogía la carne y se aprovechaban algunos huesos para elaborar utensilios cortantes de guerra o cocina.
Los indios Pies Negros fueron los que más aprovecharon este lugar, y se considera que gracias al Bisonte pudieron vivir sin

problemas, pues con su cuerpo tenían ropa, vivienda, comida, combustible y hasta fertilizantes, datos que corresponden a los años 3600 y 2500 a.C. aunque también existen restos de hace 5.700 años. A finales del siglo XIX, con la llegada de la raza blanca, la última tribu del lugar conocida como Napi, fue expulsada mediante el sencillo sistema de exterminar al bisonte, su fuente de vida.

Parque Nacional Wood Buffalo

Localizado en las planicies de la región Norte y Central de Canadá, este parque acoge la mayor población de bisonte salvaje en América y es nido natural para la grulla gigante. El delta interior mayor del mundo, el de los ríos Peace y Athabasca, es una de las atracciones naturales del parque.

Tiene una extensión de casi 4.500.000 hectáreas y fue descubierto por los tramperos, aunque desde entonces existe una confusión con los nombres pues no es lo mismo bisonte que búfalo. El bisonte es un bóvido salvaje, con la parte anterior del cuerpo muy abultada, cubierto de pelo áspero y con cuernos poco desarrollados, existiendo ejemplares europeos y americanos. El búfalo es originario de la India y fue introducido en Europa en el siglo VI d.C. Es de poderosa musculatura color gris oscuro o marrón, y tiene cuernos de hasta un metro noventa de punta a punta, separados y vueltos algo hacia atrás.

El Parque está dividido por el río Slave y posee colinas rocosas, lagos superficiales, una vegetación que cubre todo el terreno, y tierras altas de difícil acceso, aunque la mayor parte es la zona denominada como Plataforma abierta. También son importantes las Llanuras en las orillas del río, con numerosos manantiales que surgen de la tierra y de los cuales brotan aguas ricas en sales que son empleadas por los animales y los indígenas.

En el delta del río Athabasca se encuentran numerosos lagos, islas y playas, aguas que se mezclan con las subterráneas.

Flora y fauna

La vegetación es abundante y encontramos el abeto negro y el álamo, aunque es la presencia del bisonte lo que le aporta el mayor interés. Una vez considerada la necesidad de conservar la especie animal y después de las numerosas plagas y enfermedades (tuberculosis, brucelosis y ántrax), así como las mezclas desafortunadas, se consiguió aislar a 200 cabezas y mediante ellos lograr los casi 6.000 bisontes hoy día existentes.

Parques de las Montañas Rocosas Canadienses

Los antiguos parques nacionales de Banff, Jasper, Kootenay y Yoho, además del Monte Robson, el Monte Assiniboine y el Parque Provincial Hamber, en lugares con glaciares, lagos, cascadas, cañones y cuevas de piedra caliza, forman un impresionante paisaje montañoso. Burgess Shale es más conocido por los restos fósiles de animales marinos que pueden ser encontrados allí.
Tiene una extensión de más de dos millones de hectáreas y si existe una particularidad que le defina son sus paisajes, tan espectaculares como bellos. Lugar escogido para numerosos exploradores que ya han entrado en la historia, alcanzó un gran auge cuando se instaló el ferrocarril transcanadiense a mediados del siglo XIX, coincidiendo con el descubrimiento de fuentes termales y los parques naturales, quedando bajo protección especial cuatro de ellos.
Allí podemos ver lagos glaciares, grutas inmensas, yacimientos de fósiles, campos de hielo, cañones de roca sobrecogedores, ríos subterráneos y espectaculares cascadas. La zona verde no es menos impresionante pues posee las cascadas de Wapta, el monte Burgess y sus yacimientos de fósiles, el espectacular Puente Natural del río Amiskwi, el lago Emetald, así como las cascadas Laughing, Twin y Takakkaw, esta última con una caída de 254 metros.

La zona sur es algo más seca, pero posee bosques repletos de abetos, piscinas termales, importantes yacimientos de arcillas ferruginosas, mientras que en la zona norte está el impresionante cañón Marble, con un estrecho desfiladero que discurre seis kilómetros y que posee zonas que no tienen más de tres metros de anchura.

Igualmente importante es Banff, uno de los lugares más visitados, pues es un lugar bello y tranquilo, con cascadas próximas a la ciudad. También posee yacimientos arqueológicos que muestran la existencia del Hombre hace 10.000 años, los lagos Lac Louise, Moraine y Consolation, así como el campo helado de Columbia, situado a unos 3.000 metros de altura y que desagua sobre la carretera.

De interés son los canales subterráneos del lago Medecine que se pueden visitar en época de sequía, así como la gran diversidad de águilas reales, osos grizzli, castores, alces, ciervos, nutrias, pumas y linces que es posible encontrarse durante la visita organizada.

Parque Nacional Gros Morne

En la costa Oeste de Newfoundland, el parque proporciona un panorama sobre la evolución geológica de la cuenca oceánica y la planicie continental, con sus fiordos, valles glaciares, escarpados acantilados, una alta meseta alpina y muchos lagos.

Con una extensión de 149.000 hectáreas, en la costa oeste de la península norte de Terranova, y conocida anteriormente como Tierra de bacalaos, fue un lugar preferido para pescadores de las costas europeas en busca de ballenas y bacalaos. Durante el Cuaternario las glaciaciones abrieron numerosos surcos en la tierra, ocasionando los actuales fiordos, entre ellos el situado en las proximidades de Bonne Bay, y que proporcionan una belleza paisajística majestuosa con sus desniveles de más de 500 metros.

A lo largo de las costas existen numerosas cuevas, algunas visitables y que cuentan incluso con iluminación y pasadizos adecuados. Geológicamente todo el parque supone motivo de estudio para los aficionados y profesionales, pues se puede ver la evolución que dio lugar al desplazamiento de las capas tectónicas que originaron la separación del continente americano. Igualmente importante es la presencia de rocas de peridotita, procedentes del magma del interior de la tierra y que poseen una antigüedad de 450 millones de años.

Flora

La vegetación que crece sobre estas rocas ricas en hierro, cromita y silicatos de magnesio, es igualmente peculiar, pues se trata de especies carnívoras que se alimenta de los insectos que atrapan, puesto que el terreno no les suministra apenas alimento. También sobrevive allí la adelfa, mientras que en la llanura abundan los bosques de picea negra y abetos.

Tatshenshini-Alsek. Kluane, Wrangell-Saint Elias y Glacier Bay

Estos parques componen un impresionante complejo de glaciares y altos picos en cada lado de la frontera entre Canadá y Estados Unidos. Este espectacular paisaje natural sirve de hogar a osos pardos, caribús y ovejas.
Los parques Kluane y Wrabgell-Saint Elias son un interesante escenario para estudiar la teoría de la tectónica de placas. El sutil deslizamiento de la placa oceánica bajo la continental ha provocado la elevación de las Montañas Rocosas y los Andes. Además, varios volcanes, activos y extintos, forman el "anillo de fuego" de la cadena Wrangell, así como son comunes las aguas termales a los pies del monte Drum.
La presencia de protuberancias y rocas basálticas originarias de la placa pacífica son otra muestra de la actividad tectónica de la zona en donde son frecuentes las manifestaciones sísmicas. La cadena montañosa que engloba Kluane está compuesta de diversas cumbres que superan los 5.000 metros, en las que la

elevada pluviosidad y bajas temperaturas favorecen la formación de hielos perpetuos. Los glaciares están presentes en casi todos los valles y gargantas y son el rasgo más característico de los macizos de Kluane y Wrangell-Saint Elias.
Este Patrimonio está compartido con los Estados Unidos.

Flora y fauna

Las zonas bajas están ocupadas por bosques de abeto blanco, negro, de Douglas y de Engelmann, mientras que las orillas de los ríos están flanqueadas por álamos temblones y abedules. Aquí pueden encontrarse ejemplares de oso negro y grizzli. En las zonas arenosas se encuentra el junco Carex sabulosa.
A mayor altura, aparece la vegetación subalpina, compuesta de brezos, sauces y rododendros, epilobos y lupinos; esta zona da abrigo al carnero de Dall. Los bosques de coníferas, por su parte, albergan al grévol engolado y al gallo de los abetos, mientras que los últimos tramos de vegetación pertenecen a la tundra alpina, dominada por líquenes y musgos.
Son comunes los alces en los prados cercanos a los ríos, mientras que otras zonas húmedas son utilizadas por el cisne silbador para su época de reproducción.

EEUU

Parque Internacional de la Paz Waterton Glacier

Varios Parques Nacionales fueron diseñados por la ley del primer Parque Internacional de la Paz del mundo en 1932. Situado en el límite entre Canadá y Estados Unidos, ofrece un escenario único, pues los parques son excepcionalmente ricos en plantas y especies mamíferas, además de sus características glaciales y alpinas.

Parque Nacional Redwood

En una región de montañas costeras bordeando el Océano Pacífico al Norte de San Francisco, el Parque Nacional Redwood está cubierto con un magnífico bosque de sequoia – pino gigante de California -, que son los más altos e impresionantes del mundo. La vida marina y terrestre son igualmente notables, en particular los leones marinos, águila de cabeza blanca y el amenazado pelícano marrón de California.
Tiene una extensión de 42.930 hectáreas y posee zonas costeras de diferentes anchuras, en las cuales los fuertes temporales llegan a traer el agua de mar hasta la vegetación más próxima. La zona turística por excelencia es la sur que está próxima a Orick, desde donde parten varios senderos que permiten al turista ver la parte más atractiva y sin el peligro de perderse. También es importante la desembocadura del río Klamath, con impresionantes torrentes que en época de lluvias han ocasionado no pocas tragedias en sus márgenes.

Flora y fauna

El Sequoia o secuoya rojo puede alcanzar con facilidad los 100 metros de altura y se conocen datos sobre un ejemplar que medía más de 110 metros y que fue bautizado con el nombre de

su descubridor Howard Libbey. La madera de este árbol ha sido muy apreciada y esta fue la causa de la deforestación, pues es muy resistente y la gran cantidad de taninos impide su putrefacción. Aunque el mayor atractivo de la zona sean estos gigantescos árboles, también hay que destacar los bosques de helechos y musgo que mantienen la alta humedad.
La fauna está representada por la nutria marina que vive en los acantilados, la abundancia de salmones en sus ríos, y la llegada frecuente de la ballena gris a estas aguas cálidas, imprescindibles para el parto.

Mesa Verde

Una gran concentración de viviendas indias Anasazi, construidas entre los siglos VI y XII, pueden ser encontradas en la meseta de Mesa Verde en el Sudoeste de Colorado, en una altitud de más de 2.600 metros. Unos 3.800 sitios pueden ser registrados, incluyendo villas construidas en piedra en la meseta, y en lugares junto a imponentes riscos.

Yellowstone

En un gran bosque en Wyoming, el Parque Nacional de Yellowstone cubre más de 9.000 kilómetros. Una impresionante colección de fenómenos geotérmicos puede ser observada allí, incluyendo más de 3.000 géiser, fumarolas y fuentes de calor. Establecido en 1872, Yellowstone es también conocido por su vida salvaje, con osos pardos, lobos, bisontes y wapitis.
Hoy es todavía el parque natural más emblemático del mundo, quizá por ese oso Yogui que nos recuerda frecuentemente lo delicada que es la naturaleza y sus habitantes, aunque también hay multitud de leyendas detrás de sí que le hacen ser lugar de elección para soñadores y románticos, unos en busca de oro, otros en busca de soledad.
El Parque fue declarado zona protegida en 1870 y ofrece paisajes abiertos, dominados por praderas, bosques y lagunas.

Su parte central está ocupada por una llanura de origen volcánico, que encierra el lago homónimo y la meseta está flanqueada por cadenas montañosas sometidas en su parte superior al dominio de las nieves perpetuas.

Allí se ha detectado la mayor caldera volcánica del planeta. Junto a ella, Yellowstone registra la presencia de miles de manifestaciones térmicas, sobre todo fuentes termales y géiseres, lo cual significa la mayor concentración de fenómenos volcánicos del planeta. Toda la parte central del parque está ocupada por una llanura volcánica a 2.000 metros de altitud, en cuyo centro está el lago Yellowstone y que tiene una profundidad máxima de 98 metros. El río del mismo nombre, además, proporciona en su recorrido nuevos alicientes para los ojos, pues en lugar de discurrir plácidamente lo hace a través de laderas rocosas, caídas de hasta 90 metros, estrechos desfiladeros y salpicando con sus aguas a pinos y abetos.

Entre los géiseres, el más popular es Old Faithful, que arroja puntualmente sus fuertes columnas de agua. A su alrededor se pueden ver concreciones calizas, resultado de los minerales disueltos en el agua. Cerca del lago Yellowstone se pueden encontrar también algunas fuentes termales, con coloridas aguas en tonos verdes y amarillos, en función del color de las algas que las ocupen.

El Presidente de los Estados Unidos Ulises S. Grant declaró a este parque como zona reservada en 1872 y podríamos considerar que fue un pionero en cuanto a la preservación de espacios naturales para el futuro de la Humanidad. Ya en el siglo XX, precisamente en el año 1988, se declaró un voraz incendio que los encargados de cuidarlo fueron incapaces de controlar y que asoló miles de hectáreas. Aunque en principio se consideró como un desastre irreversible, después la verdad resplandeció y se pudo ver que ello contribuiría aún más al desarrollo del bosque. Efectivamente, aunque las llamas dejaron el lugar desolado poco después la vida vegetal y posteriormente la animal, creció con más fuerza pues los mismos restos vegetales quemados contribuyeron a proporcionar el sustrato nutritivo perfecto.

Flora y fauna

En Yellowstone se encuentran dos especies de oso, el negro y el grizzly. El primero es un pacífico merodeador omnívoro e inofensivo. El grizzly, sin embargo, es impredecible y puede volverse agresivo, especialmente si es sorprendido y para evitarlo, los visitantes del parque portan un sonoro cascabel. El parque es también guarida de una importante población de bisontes americanos en libertad. Entre otras especies, cuenta, además, con una abundante población de alces, gansos, uapiti.
El pino y abeto son las especies arbóreas más dominantes y resisten perfectamente las bajas temperaturas.

Parque Nacional Gran Cañón

Hace millones de años, en el Precámbrico, los carbonatos endurecidos con lavas y otros productos eruptivos fueron comprimidos y transformados lentamente en rocas metamórficas. La formación resultante, conocida como esquistos Vishnú, dio lugar a gigantescas montañas que fueron después erosionadas y reducidas hasta formar una llanura elevada.
De este modo, las paredes inferiores del Gran Cañón están formadas por esquistos grises muy oscuros, en ocasiones interrumpidos por vetas rojizas de feldespatos y otros minerales pesados. Las formaciones calizas de Bass y las cuarcitas violáceas de Shinume corresponden a una etapa posterior, cuando se deprimieron los terrenos y se inundaron de aguas marinas.
Las areniscas marrones de Tapeat, las arcillas verdosas de Brigt Angel y algunas tierras rojizas hablan de una ocupación marina.
Las rocas de la explanada Supai y los esquistos rojos de Hermit encierran fósiles de helechos, coníferas y primitivos insectos.

Hay 300 kilómetros de un lado a otro del cañón y en ambos sectores la climatología es muy diferente, tanto por la distancia que los separa como por su distinta orientación. El área, además de guardar cinco de las siete zonas de vegetación que se dan en América del Norte, presenta numerosas formas exclusivas.
Del mismo modo, el Gran Cañón sirve de refugio a numerosas especies animales, como el águila calva, el pelícano pardo californiano y la lechuza manchada, todas ellas seriamente amenazadas. El río Colorado encierra poblaciones de dos especies de peces exclusivas de estas aguas. Tampoco debe olvidarse a los reptiles, magníficamente representados en estas áridas tierras, entre los que destaca la peligrosa serpiente de cascabel.

Labrado fuera del Río Colorado, el Gran Cañón, de cerca de 1.500 metros de profundidad, es el barranco más espectacular en el mundo. Localizado en el estado de Arizona atraviesa el Parque Nacional de Gran Cañón y su estrato horizontal muestra la historia geológica de los últimos dos millones de años, mientras otros trazos prehistóricos recuerdan la adaptación humana a un entorno particularmente hosco.
Hasta 1857, no se realizó una auténtica exploración del río Colorado, que debe su nombre a las aguas rojizas. El reconocimiento público de esta maravilla le valió la declaración como Monumento Nacional en 1908 y más tarde fue declarado el Parque Nacional del Gran Cañón.
Allí, el río Colorado ha excavado hoces de más de 2.000 metros de profundidad y estos guarismos hacen del Gran Cañón el mayor desfiladero emergido del planeta. El área se presenta como un ejemplo de la acción de dos fuerzas naturales, la orogénesis y la erosión fluvial. Como resultado de este proceso, el cañón guarda en sí una verdadera crónica geológica en la que se pueden leer las transformaciones sufridas durante millones de años.

Parque Nacional Everglades

Este lugar en la punta al Sur de Florida ha sido llamado "un río de hierba fluyendo imperceptiblemente desde la tierra dentro del mar". La excepcional variedad de su hábitat acuático ha hecho de él un santuario para un número considerable de pájaros y reptiles, además de especies amenazadas tales como el manatí.
Con un extensión de 556.790 hectáreas y en donde el agua constituye la parte más decisiva, es uno de los lugares más apreciados de Miami, del cual dista 50 kilómetros.
El suelo fue originado durante el Cuaternario, cuando ocurrieron sucesivas inundaciones y regresiones del mar que depositaron allí los sedimentos calizos posteriormente erosionados al secarse. Esta es la razón por la cual las algas forman una sólida alfombra y con ellas una gran cantidad de materia orgánica. En la parte este hay una larga serie de cayos, entre ellos el popular Cayo Largo, y que delimitan la separación entre la bahía de Florida y el océano Atlántico, aunque la gran cantidad de algas difumina este espacio cuando llegan los tifones.
Las aguas que llegan al interior del parque provienen esencialmente de las precipitaciones, unos 1.200 mm anuales, aunque también son aportadas mediante las marismas que reciben el agua del río Okeechobee, cayendo al mar la mayor parte de este flujo.

Flora y fauna

Podríamos considerar al centro de Everglades como una gigantesca pradera húmeda, una marisma que posee, además, la hierba rala más ancha del mundo. Allí aparecen frecuentemente pequeñas islas de árboles, así como cocoteros, palmitos, palmeras y gramíneas. Igualmente son frecuentes el ciprés pelado, las orquídeas y pinos de varios pisos.
En cuanto a los animales, abundan las aves como la garza real, el endémico milano experto cazador de caracoles, la bella garceta azul y el temible caimán que encuentra en las charcas su

hábitat idóneo. Otras aves importantes son el espátula rosada, la ibis, el flamenco y el calamón, sin olvidar la majestuosa águila cava. También existe abundancia de serpientes cascabel o crótalos, así como la serpiente coral y el crótalo pigmeo. Importante es el manatí que puede llegar a pesar más de una tonelada y que está relacionado con las leyendas de sirenas femeninas por la forma de sus mamas.

Terminología esencial

Cayos
Islas rasas, arenosas, frecuentemente anegadas, cubiertas en gran parte de mangle, un arbusto cuyas ramas llegan hasta el suelo y forman raíces.
Palmitos
Palmas con tronco subterráneo, que se alza a dos y tres metros de altura en forma de abanico.
Calamón
Ave zancuda, de cabeza roja y lomo verde que se alimenta de peces.
Manatí
Mamífero herbívoro de unos cinco metros de longitud.

Parque Nacional Olympic

Localizado en la esquina Noroeste del Estado de Washington, el Parque Nacional Olympic está dominado por el Monte Olympo (2.428 metros de alto), que le da su nombre. Una gran variedad de paisajes y ecosistemas pueden ser encontradas allí, con una gran riqueza de vida marina a lo largo de su rocosa costa, así como bosques de gigantes coníferos en los valles donde vagan enormes rebaños de wapiti, y sobresalen arriscados picos.
Con una extensión de 362.000 hectáreas y una playa de 80 kilómetros de larga, la península de Olimpic está conectada con el continente solamente por su lado oriental, situándose en su parte interna el monte Olympo el cual actúa de barrera para la

lluvia que descarga allí todo su caudal. La precipitación media en el monte es de 5.000 mm, lo que unido al hecho de poseer sesenta glaciares, algunos a alturas tan insólitas como los 1.000 metros, convierten a esa zona en un lugar único.

Otros lugares de interés en el parque son el lago Mills, la atalaya Observation Point, las cascadas Soleduck, las fuentes termales y el Hoh Rain Forest, un estupendo bosque húmedo en el cual incluso existe un sendero para invidentes. No menos importante es la costa de Olympic, en donde se pueden ver durante los meses de invierno fuertes oleajes con alturas superiores a los seis metros, con el agua salada entrando en el bosque y arrasando, por tanto, los árboles que terminan muriendo pronto.

Flora y fauna

En sus ríos es frecuente el salmón, las ketas de llamativos colores, el ciervo uapití que puede pesar hasta 350 kilos, el rebeco blanco, la marmota, el pollo de las praderas, así como el pájaro arlequín. El bosque posee abundancia de coníferas, así como líquenes, helechos y plantas epífitas que rodean a los abetos, pinos, cedros rojos y arce. Allí se encuentra el mayor abeto conocido, con 64 metros de altura, aunque un rayo lo dejó en 34 metros, pero aún se pueden ver otros abetos sitka que sobrepasan los 90 metros. También hay sauces, abedules, el aliso rojo y el sambuco azul.

Parque Nacional Montañas de Great Smoky

Este excepcionalmente hermoso parque es hogar de más de 3.500 especies de plantas, y casi tantos árboles (130 especies naturales) como en toda Europa. Muchas especies animales en peligro pueden también ser encontradas allí, incluyendo la que es probablemente la mayor variedad de salamandras en el mundo. Relativamente intacta, da una idea de la moderada flora antes de la influencia de la humanidad.

Posee una extensión de 208.300 hectáreas, en las montañas Apalaches, y fue lugar preferido años atrás para los cazadores y madereros, todos en busca del sueño dorado americano. Con montañas de bajos perfiles, viejas, posee 17 picos, aunque casi ninguno supera los 2.000 metros, estando constituidos por rocas metamórficas que se originaron en la Era Primaria.
Con una pluviosidad de casi 2.200 mm anuales y unas temperaturas nunca extremas, el parque posee unas condiciones óptimas para su rápido y abundante desarrollo. Con las montañas coronadas por nieblas, las abundantes cascadas, los enormes ríos y los numerosos afluentes, así como multitud de fuentes, el paisaje es hermoso y tranquilo.

Flora y fauna

Allí se encuentra el mayor bosque de picea roja, numerosas reliquias de la flora fosilizada, así como el abeto endémico hemlock. También hay enormes zonas con caducifolias, multitud de robles, hayas americanas, rododendros y el enorme abeto Fraser, todo ello junto con zonas de ricos pastos.
En estos lugares abundan los ungulados y otros animales que necesitan luz y humedad, mientras que en las charcas se encuentran algunos anfibios como la salamandra, entre ellas una que mide más de 70 cm, diversas especies de lagartos, culebras y tortugas, así como variedad de peces. También están el puma, el mapache, oso negro, el lince rojo, y el halcón peregrino.

Terminología esencial

Picea
Árbol similar al abeto común, del cual se distingue por tener las hojas puntiagudas y las piñas más delgadas y colgantes.
Caducifolias
Árboles y plantas de hoja caduca, que se le caen al empezar la estación desfavorable.

Ungulados

Mamífero que tiene casco o pezuña, como los perisodáctilos (rinoceronte y caballo) y los artiodáctilos (paquidermos y rumiantes)

Parque Nacional Yosemite

Localizado en el corazón de California, el Parque Nacional Yosemite, con sus valles "colgantes", muchas cascadas, lagos, elegantes cúpulas y valles en forma de U, ofrece un vista de toda clase de relieves de granito formados por la glaciación. Entre 600 y 4000 metros de alto, posee una gran variedad de flora y fauna.

Tiene una extensión de 307.900 hectáreas y fue el escenario más incruento de la fiebre del oro en el siglo XIX y por supuesto de la definitiva conquista del oeste. Su nombre proviene precisamente de los indios Yosemite, hasta entonces aislados y protegidos por las paredes rocosas, pero que tuvieron que marcharse por el acoso de los mineros. Esta aniquilación trajo consigo la degradación del lugar, especialmente para encontrar oro y extraer madera de sus fértiles bosques. Aún así, ahora es uno de los mejores parques naturales del mundo, a lo que contribuye sus orígenes geológicos, cuando las glaciaciones del Cuaternario hicieron que las aguas del río Merced generaran un amplio valle rodeado por enormes muros de granito.

Allí acuden periódicamente expertos en alpinismo con el deseo de escalar el enorme Capitán, una roca de 900 metros de altura prácticamente vertical, hazaña que rivaliza con la de la Pared de Aurora, esfuerzos ambos que han permitido perfeccionar enormemente los aparejos para el alpinismo.

De obligada visita es la enorme cascada de Yosemite, que con sus tres caídas diferenciadas tiene un desnivel de 735 metros y el mirador del valle de Yosemite.

Flora

En las zonas altas encontramos enebros mezclados con espeso matorral que les protege de los rayos y las avalanchas de nieve, mientras que en el bosque se encuentra la impresionante sequoia roja, el mayor árbol del mundo y que con su altura superior a los 60 metros consiguen hacen impenetrable el bosque a la luz del sol. Uno de estos ejemplares se cree que tiene más de 2.700 años y es conocido como el Gigante Grizzli.

Parque Nacional Volcanes de Hawai

Se trata de dos de los volcanes más activos del mundo, Mauna Loa y Kilauea, torres sobre el Océano Pacífico. Las erupciones volcánicas han creado un paisaje que cambia continuamente, y las corrientes de lava revelan sorprendentes formaciones geológicas. Allí pueden encontrarse raras aves y especies endémicas, además de bosques de helechos gigantes.

Las islas principales de Hawai fueron ocasionadas por los puntos ígneos de la corteza terrestre que hicieron emerger del fondo del mar a inmensas formaciones rocosas durante épocas diferentes. Una vez que los materiales incandescentes y fundidos del magma se pusieron en contacto con el agua se solidificaron en su parte externa, mientras que la anterior aún permanecía líquida.

Entre los principales volcanes encontramos al Mauna Loa, con una altura de 4.171 metros, el cual está en contacto con el océano en su parte inferior, casi con los mismos metros que la emergente. El Kilauea es el volcán más activo de la Tierra y se han conocido en los últimos 40 años 52 erupciones, algunas de larga duración y que ocasionan lagos de lava que pueden permanecer en estado líquido durante meses.

Pero el parque posee numerosas alturas en su conjunto, abarcando desde el nivel del mar hasta los 5.500 metros, por lo que las diferencias climatológicas son muy variadas y ocasionan fuertes modificaciones a la cubierta vegetal.

Allí en estas tierras murió en 1779 el legendario explorador Capitán Cook a manos de los nativos, un buen hombre cuyo mayor interés fue armonizar la coexistencia entre aborígenes y foráneos. Posiblemente la creencia en la presencia eterna de la diosa Pele, experta en construir islas con su azadón mágico, hizo creer a sus habitantes que su morada en el fondo del volcán Kilauea no podía ser alterada por los extranjeros.

Este volcán aunque suele verter sus ríos de lava a la propia caldera, y ya ha ocasionado numerosos desastres imprevisibles, como en 1959 cuando asoló un camping y terrenos colindantes.

Flora y fauna

En la superficie se encuentran zonas de selva tropical, tundra alpina y praderas de niebla, todas ellas con la suficiente humedad como para proporcionar una vegetación abundante. Las corrientes de lava suelen dividir y aislar amplias zonas de vegetales, lo que provoca el crecimiento de especies únicas y resistentes, tanto en animales como en insectos o plantas.

Allí vemos al ganso hawaiano, el pinzón, el calamón zancudo y el halcón, mezclándose con el colibrí y el papamoscas, todos ellos con el bocado apetitoso de la mosca del vinagre de la cual se cuentan 700 especies. También hay numerosas especies de insectos, caracoles de tierra, y plantas tan atractivas como el awapuhi melemele.

Terminología esencial

Pinzón
Pájaro pequeño, de plumaje color rojo oscuro en la cara, que se alimenta de insectos e incluso de piñones.

Calamón
Ave zancuda que vive en las orillas del mar y se alimenta de peces.

Parque Nacional Cavernas de Carlsbad

En el estado de Nuevo México, esta red kárstica comprende 81 cuevas reconocidas actualmente. Entre la alta concentración de cuevas, asombrosas por su talla y su abundancia, diversidad y belleza, resalta la cueva Lechuguilla, formando un laboratorio subterráneo donde los procesos geológicos pueden ser estudiados en un marco virtualmente intacto.

Parque Nacional Cueva de Mamut

El Parque Nacional Cueva de Mamut, localizado en el estado de Kentucky, contiene la más larga red de cuevas naturales y pasadizos subterráneos en el mundo, ejemplos característicos de formaciones de piedra caliza. El parque y su red subterránea protegen una variada flora y fauna, incluyendo gran número de especies en peligro.
Tiene una modesta extensión de 20.540 hectáreas y mediante unas aberturas bien escondidas se puede entrar en la cueva de Mammoth, posiblemente la mayor del mundo, en donde existe una gran cantidad de nitratos distribuidos por los 800 Km reconocidos. Posiblemente tenga una antigüedad de 300 millones de años, cuando las aguas cubrían esa zona, aunque hay quien asegura que no tiene más de cien años y que es el resultado precisamente de la acción de las aguas.
En su interior, perfectamente iluminado y cuidado, se aprecian las fisuras de la roca que facilitan la circulación del agua, numerosas galerías y oquedades, paredes enormes como la Frozen Niágara, senderos complejos y tortuosos como el Carmichael de siete kilómetros y el lago de Cristal, en donde murió atrapado su descubridor Floyd Collins.
Por supuesto, hay abundancia de estalactitas y estalagmitas, paredes de diferentes colores y, muy importante, señales de la presencia del Hombre allí. Se han contabilizado al menos cincuenta yacimientos precolombinos, con numerosas momias y

utensilios caseros, así como vestigios de sus alimentos y excreciones.

Fauna

No es difícil encontrar animales que puedan vivir en un lugar tan húmedo, solitario y sin ruidos, como es el caso del pez ciego de Kentucky, el cual tiene que competir con otros similares por el escaso alimento disponible. Más abundantes son los invertebrados como el ciempiés, el camarón ciego, los escorpiones y multitud de protozoos que sirven de alimentos para todos. Por supuesto, en zonas superficiales existe una gran cantidad de murciélagos.

MÉXICO

Sian Ka´an

En la lengua de la gentes Mayas que una vez habitaron esta región, Sian Ka´an significa "origen del cielo". Localizado en la costa este de la Península del Yucatán, esta reserva biosfera contiene bosques tropicales, mangles y pantanos, además de una gran sección marina cortada por una barrera de arrecifes, y que proporciona un hábitat para gran cantidad de fauna y flora.
Tiene una extensión de 528.000 hectáreas y posee una gran diversidad de material vegetal de interés y marinas, conociéndose datos precisos sobre su origen. Situada sobre la planicie caliza de Yucatán que en su punto más alto no supera los diez metros, hay que remontarse al Mioceno-Plioceno y también al Pleistoceno, para comprender el origen de estos terrenos poco profundos y permeables. Con unas lluvias que dejan 1.200 mm al año, selvas no inundables por el agua de mar y que agradecen la alta humedad ambiental, nos encontramos con abundancia de especies arbóreas que llegan incluso hasta la orilla del mar.

Los manglares también contribuyen de manera activa a esta fertilidad, pues retienen los sedimentos que llegan del mar, mientras que el oleaje del mar es detenido por dos grandes ensenadas naturales, las bahías de Asunción y del Espíritu Santo, lo mismo que por las grandes formaciones de arrecifes de coral.

De suma importancia son los restos arqueológicos de la civilización maya, habiéndose encontrado 23, cada uno diferente al otro, además de importantes obras de ingeniería para canalizar el agua.

Fauna y flora

Son peculiares las manchas vegetales de tasites que se congregan en los escasos lugares elevados, así como extensas zonas de zacate, una hierba que se emplea para fabricar estropajo o como forraje. Como barrera ya hemos mencionado los manglares, un terreno tropical donde crecen los árboles que viven en el agua salada.

La fauna no es muy abundante pero son frecuentes las tortugas verdes, carey, laúd y boba, pues escogen estas costas para poner sus huevos, así como el delfín del Amazonas y el manatí. Más abundantes son las aves con la presencia de pelícanos, pavos de monte, corcomanes y rabihorcados. Finalmente, se han catalogado diversas especies de carnívoros, entre ellos el jaguar, puma, ocelote, onza y tigrillo.

Terminología esencial

Mangle
Arbusto de tres a cuatro metros de altura, cuyas ramas largas y extendidas dan unas raíces que descienden hasta tocar el suelo y arraigar en él.

Rabihorcado
Ave palmípeda, de cola ahorquillada, plumaje negro, pico largo, fuerte y encorvado por la punta; buche rojo escarlata, grande,

que anida en las costas y se alimenta de peces que coge volando a flor de agua.

Onza

Mamífero carnicero parecido al leopardo, domesticable y apto para la caza.

Ciudad Pre-Hispánica y Parque Nacional de Palenque

Considerado un buen ejemplo de santuario Maya del periodo clásico, Palanque vivió su mejor momento entre el 500 y el 700 d.C. y tuvo una gran influencia en la cuenca entera del Río Usumacinta. La elegancia y laboriosidad de la construcción, además de la luz de los relieves esculpidos, ilustran la mitología Maya y atestiguan el creativo genio de esta civilización.

Tiene una superficie de 1.772 hectáreas y son un claro ejemplo de la civilización Maya, permaneciendo aún hoy gracias a que fueron abandonadas pronto cuando el imperio cayó ante los invasores, y nadie se preocupó ni supo de ellas durante muchos años.

Su antigüedad no está clara, pues hay quien la sitúa en el siglo IV d.C. y otros algunos cientos de años antes de Cristo. Lo cierto es que su esplendor llegó hasta el siglo X y una de sus mejores muestras fue la ciudad de Palenque, en el estado de Chiapas y que fue abandonada posiblemente a finales del siglo X, pasando sus habitantes a otros lugares como Mayapán y Chichén Itzá. Podemos contemplar aún el templo de las Inscripciones, el Palacio, una pirámide de nueve pisos a la que se llega por un pasadizo secreto, así como diferentes sarcófagos. También es importante el grupo de la Cruz formado por tres templos.

La vegetación es típica de una selva exuberante, en donde abundan los reptiles y los pájaros.

Santuario de Ballenas de El Vizcaíno

Localizado en la parte central de la península de Baja California, el santuario contiene ecosistemas excepcionalmente interesantes. Las lagunas costeras de Ojo de Liebre y San Ignacio son un importante lugar de reproducción para la ballena gris, la foca de puerto, el león marino de California, el elefante marino del Norte y la ballena azul. Las lagunas también ofrecen protección a cuatro especies de tortugas marinas en peligro.
Las ballenas son los mayores mamíferos vivientes, pero la caza indiscriminada de que han sido objetos en el pasado ha hecho que las poblaciones de estos gigantes estén en serio peligro de desaparecer. La creación de este santuario es una importante medida más para contribuir a evitarlo.
Las ballenas grises llegan a las lagunas de Ojo de Liebre y de San Ignacio en noviembre, donde permanecen hasta el mes de febrero, cuando inician su viaje de retorno y es en estas lagunas donde tiene lugar la reproducción y cría de estos cetáceos. Los machos permanecen fuera de las lagunas, protegiendo a las hembras y crías de las posibles incursiones de la orca y posteriormente son los primeros en regresar al Norte. La orca común («Orcinus orca») puede llegar a medir hasta 9,5 m de longitud, es de color negro con manchas blancas, vive en alta mar formando grupos de unos 40 individuos, y su alimentación la constituyen aves marinas, peces, focas y otras presas grandes.

Flora y fauna

La superficie protegida en esta biosfera es de 2.5 millones de hectáreas, entre ellas la laguna Ojo de Liebre y la de San Ignacio. En la zona del desierto que rodea estas lagunas, sin embargo, las precipitaciones apenas alcanzan los 100 mm anuales, mientras que las temperaturas pueden llegar a los 45°. Allí se encuentran gran cantidad de fósiles y una vegetación muy resistente, principalmente la hierba reuma de 40 cm de altura, capaz de vivir en ese ambiente salado, así como líquenes y cactus.

También existen especies animales adaptadas a vivir en este desierto, como la ardilla antílope, el venado, el berrendo y en ocasiones el puma, lo mismo que el coyote y la zorrilla del desierto. En cuanto a las aves encontramos a una gran cantidad de gansos de collar, pelícanos, patos y cormoranes.

Otros mamíferos marinos igualmente de gran importancia son la foca leopardo, el león marino, el elefante marino del norte y especialmente la gigantesca ballena azul («Balaenoptera musculus») con un tamaño de hasta 33 m de longitud, de color pizarra o azulado y que vive en parejas o pequeños grupos en mar abierto. En 1904 se firmó la primera ley reguladora de la caza de ballenas que prohibía capturar hembras con crías, y en 1937 se estableció el Acuerdo Internacional Ballenero (IWA) Posteriormente, en 1946 se creó la Comisión Ballenera Internacional (IWC-CBI), y tres años después se fijaron las cuotas de caza. No obstante, algunos países como Japón, continúan cazando ballenas bajo la denominación de caza científica y que solamente es un eufemismo con fines comerciales. En 1993 otros países como Islandia y Noruega crearon su propia organización ballenera, y establecieron como única zona reservada la Antártida, por debajo de los 40° de latitud S.

ARGENTINA

Los Glaciares

El parque Nacional de Los Glaciares es un área de excepcional belleza natural, con accidentes geológicos, imponentes montañas y numerosos lagos glaciares, incluyendo el Lago Argentino, con un largo de más de 150 kilómetros. En su punto más lejano se deposita sus efluvios una gris agua glaciar, liberando grandes icebergs en el lago con sonoros chapoteos.

El Parque

El Parque Nacional Los Glaciares se encuentra en el corazón de la Patagonia, extendiéndose al este de un casquete de nieves eternas de colosales dimensiones. Desde ésta, que se conoce como Campo de Hielo Patagónico, descienden 47 glaciares, de los que 10 vierten al Atlántico; son los conocidos por Marconi, Viedna, Moyano, Upsala, Onelli, Spegazzini, Mayo, Ameghino, Moreno y Frías, que configuran el Parque.
En 1947, el glaciar Moreno llegó a seccionar un lago formando una presa natural. Algo similar ocurrió en 1970, pero en esta ocasión el hielo invadió los bosques que rodean el Lago Argentino, destrozando los árboles, aunque finalmente la lengua glaciar se resquebrajó. Sobre este lago vierte también sus hielos el glaciar Upsala, el mayor del parque.
Al Campo de Hielo y sus glaciares pueden sumarse las manifestaciones de erosión hídricas y las formas topográficas procedentes de la acumulación de los hielos. En la actualidad, los glaciares del parque se encuentran en fase de regresión.

El glaciar Perito Moreno es, junto con las Cataratas del Iguazú, una de las principales bellezas naturales de Argentina. Situado en el suroeste de la provincia de Santa Cruz, el Perito Moreno forma parte del Parque Nacional Los Glaciares. Abarca una superficie de 445.900 hectáreas y en la zona se encuentra también un área de reserva de 154.100 hectáreas.

Dos grandes lagos, el Argentino y el Viedma, terminan de conformar un paisaje incomparable al recibir sobre sus aguas las lenguas de hielo que descienden de las alturas. El constante desprendimiento y caída de bloques de hielo produce sonidos retumbantes que se asemejan a explosiones, transformándose en témpanos a la deriva por la inmensidad de los lagos.

La particularidad de este ventisquero radica en un permanente avance del frente de hielos sobre las aguas del lago, hasta cortar en dos el brazo Rico y alcanzar la península de Magallanes. La acumulación de agua en la parte sur produce un desnivel de hasta 19 metros entre un lado y otro. La presión del agua comienza a horadar lentamente el glaciar, hasta provocar una espectacular y violenta ruptura que vuelve a despejar totalmente el paso. Inmediatamente, el glaciar insiste en su crecimiento y lentamente vuelve a avanzar sobre las aguas del lago.

El lago Argentino se encuentra a una altura de 185 metros sobre el nivel del mar y su superficie aproximada es de 1.560 kilómetros cuadrados. Fue descubierto por el subteniente de marina Valentín Feilberg en 1873 creyendo que era el lago Viedma. Cuatro años después, el Perito Moreno lo redescubre y lo bautiza con su nombre actual, teniendo en cuenta su semejanza con el colorido de la enseña patria.

El desarrollo del lago durante la primera época de glaciación cuaternaria es todavía desconocido, pero hay una razón fundada para presumir que el Lago Argentino es el resultado de los continuos avances y retrocesos del Glaciar. Suele dividirse en tres partes, la mitad oriental que queda fuera del Parque Nacional se extiende de Este a Oeste y está ubicado en gran parte de la Patagonia árida. Ya dentro del Parque Nacional, se bifurca en un Brazo Norte, orientado de sudoeste a noroeste, y un Brazo Sur, que culmina en el Seno Mayo.

El Lago Argentino recibe las aguas del Lago Viedma por intermedio del Río Leona y luego por intermedio del Río Santa Cruz que desagua en el Océano Atlántico.

El mayor de estos glaciares es el Upsala, y el Moreno el único que en la actualidad continúa creciendo. Su gran importancia radica es que este Parque es el mismo que vieron los primitivos habitantes de la Patagonia, ya que se calcula que entre los años 8000 a 6000 antes de Cristo, cuando en la Tierra se produjeron importantes cambios ambientales, los glaciares se redujeron a lo que son hoy en la actualidad. Es aproximadamente en esta época, quizá un poco antes, que hace su aparición el Hombre en la Patagonia. Estos habitantes primitivos convivían con especies animales hoy extintas, de las cuales solo logró sobrevivir el Guanaco.

Las culturas más destacadas de la región fueron: La Epiprotolítica, la Toldense, la Riogalleguense y la Patagoniense, para llegar a la Tehuelche, de la que actualmente habitan en la zona gran número de sus descendientes.

Fauna y flora:

Los árboles característicos de la región son: el Coihue, el Ñire y el Guindo, habiendo gran número de Lengas.
Con respecto a la fauna, se destaca el Huemul, el Gato Montés, el Puma, el Hurón, el Zorrino, el Zorro Gris, el Zorro Colorado, el Guanaco y el Piche. La mayoría de estas especies se encuentra en grave peligro de extinción.

Entre las aves podemos nombrar: el Cóndor, el Águila, el Flamenco, el Pájaro Carpintero, la Avutarda, el Ñandú y el Zorzal Patagónico. Conviven con estas especies varios tipos de lagartijas y anfibios entre los que se encuentra el Sapito de cuatro ojos.

Terminología esencial:

Huemul:
Ciervo de pelaje color ceniza que se encuentra en la región inmediata a la cordillera de los Andes.
Guanaco:
Rumiante de unos 13 decímetros de altura con cabeza pequeña, orejas largas y puntiagudas, ojos negros y brillantes.

BELICE

Sistema de Reserva de Barreras de Arrecife

El área costera de Belice es un destacado sistema natural que consiste en la barrera mayor de arrecifes del hemisferio Norte, compuesta de atolones costeros, varios cientos de cayos de arena, bosques de mangle, lagunas costeras y estuarios. Los siete lugares incluidos en esta nominación ilustran la evolución de los arrecifes, que proporcionan un espectacular escenario submarino y son un significativo hábitat para especies amenazadas como tortugas marinas, manatíes y el cocodrilo marino americano.

BRASIL

Parque nacional de Iguazú

El cauce principal del río Iguazú marca la divisoria entre Argentina y Brasil y se despeña por la Garganta del Diablo. Las aguas chocan contra el fondo y levantan nubes de vapor que, a menudo, impiden ver la otra orilla.
El arco oriental del salto incluye los saltos de Benjamín Constant y Floriano. Por su parte, en el sector occidental argentino se dan cita los saltos Belgrano, Mitre y Escondido.

Las aguas de este sector se unen para formar el Iguazú inferior, que se unirá después a la corriente que se desplomó por la Garganta del Diablo

La zona se encuentra formada por extensos mantos de lava que afloraron sin explosiones durante el periodo Jurásico, mediante suaves derrames que emergían de fallas y suturas todavía no solidificadas. De hecho, la zona constituye la mayor superficie de lavas emergidas del planeta.

El relieve de la región se vio modificado en el Cuaternario, debido a una sucesión de periodos secos y húmedos que hicieron oscilar el nivel del río. Las aguas se encajonaron y comenzaron su labor de erosión, haciendo retroceder las zonas de salto de agua y formando un estrecho cañón al tiempo que las iniciales cataratas iban comiendo terreno a las coladas basálticas.

Flora y fauna

Las nubes de agua pulverizada permiten el desarrollo casi exclusivo de unas gramíneas hidrófilas, Paspalum lilloi, y de una podostenácea con aspecto de alga, con largos tallos adheridos a la roca por detrás de la cortina de agua. Hacia estas cataratas acuden a beber enormes bandadas de cotorras chiripepé.

Del mismo modo, los charcos que se forman cerca de las caídas atraen grandes bandadas de mariposas de diversas especies, que acuden para absorber las sales disueltas y la humedad. Golondrinas barranqueñas y de ala blanca, vencejos grandes, y tres especies diferentes de martín pescador, son algunos de los asiduos visitantes del río. En los tramos donde el barranco no está cubierto de agua se concentran los zopilotes, un popular tipo de buitre americano.

Una de las especies que más abundan es el curupay, al igual que el arbusto endémico Roupala catactarum. Pueden, además, apreciarse plantas de sorprendente belleza, como el seibo o el ingá.

Las cataratas están formadas por el Río Iguazú, que recorre 1.320 Km en sentido oriente-occidente, hasta su desembocadura, en la ciudad de Foz de Iguazú, haciendo frontera con Argentina.
A 15 kilómetros antes de juntarse al Río Paraná, el Iguazú vence un desnivel de terreno (toma sus aguas en Serra do mar, a 1.300 metros de altura), que se precipita en 275 saltos de 65 metros de altura de promedio, un caudal medio de 1.500 metros cúbicos por segundo, en una anchura de 4 metros.
Entre los saltos más bonitos está "La Garganta del Diablo", con 90 metros de altura que, por su forma, recuerda una herradura. La vena principal del río marca la línea divisoria entre Argentina y Brasil.
En el lado brasileño hay un ascensor panorámico uniendo la base de las cataratas al nivel superior del río. También hay pasarelas construidas al lado de los caminos formados de basalto, y diversos miradores para permitir admirarlas.

Las cataratas fueron descubiertas por el navegante español Álvar Núñez Cabeza de Vaca, que el 31 de enero de 1542, al bajar el Río en canoa buscando la ruta para Asunción (Paraguay), solamente tuvo tiempo de gritar *"¡Santa María, qué belleza!"*, al mirar las cataratas por primera vez. Con suerte y habilidad para escapar de la terrible trampa del río, Cabeza de Vaca entró en la Historia por su descubrimiento y por su célebre frase. Su cronista y secretario Hernández, añadió que *"el agua en lo bajo de la tierra da con tal golpe, que de muy lejos se oye"*.

Localizado en el extremo oeste del Paraná, el Parque hace frontera con el territorio argentino, delimita diversos municipios paranaenses y comprende cerca de 185.000 hectáreas.
Fue creado el 10 de enero de 1939 y erigido en 1986 por la UNESCO como Patrimonio Natural de la Humanidad, constituyéndose en una de las mayores reservas forestales de América del Sur, como también lugar de protección de los recursos naturales renovables del Estado. El tipo de vegetación

predominante es la pluvial y la de araucarias, con la presencia de palmeras, hierva mate, imbuia, caviuna (especies típicas) etc.

En el Parque, el espectáculo son las Cataratas de Iguazú que con su forma semi-circular y sus 2.700 metros de ancho, llenan los ojos del visitante por la espuma de agua que cae de una altura de hasta 72 metros en los saltos existentes entre Brasil y Argentina,. El número de ellos varía entre 150 y 300 dependiendo del caudal del Río Iguazú.

Además de las cataratas, el Parque posee en su interior otras atracciones como la fauna, bastante representativa, el Pozo Negro, el Salto del Macuco y el Centro de Visitantes, así como la Estatua de Santos Dumont (homenaje de la VASP al "Padre de la Aviación", y responsable por la transformación del área de las Cataratas en Parque Nacional), y un hotel de recreo.

Flora y fauna

Refugio biológico para multitud de especies vegetales y animales, durante el recorrido por el Parque el visitante encuentra tranquilidad, aire puro y mucha bioenergía proporcionada por la densa selva, formada por árboles de gran tamaño como las figueras bravas, canelas, palo de marfil, jerivás y palmitos. El Parque Nacional del Iguazú tiene un valor incalculable como banco genético para futuras reflorestaciones. Flores nativas, como orquídeas y bromelias y la superpoblación de las mariposas de colores variados y intensos, son un espectáculo inolvidable.

Pueden encontrarse en abundancia el curupay, la espinosa y retorcida leguminosa seibo, el ingá, así como numerosas orquídeas doradas y por supuesto enormes helechos, cañas de bambú, begonias y lianas floridas.

El Parque es uno de los pocos ecosistemas donde todavía se pueden encontrar especies como la onza pintada, tapir, capivara, venado, guaxinim, macaco-prego, quati y el jacaré de buche amarillo. Abunda la cotorra chiripepé que gusta de beber en la misma cascada, golondrinas pequeñas de ala blanca, grandes vencejos, el martín pescador y un buitre denominado como zopilote (Coragys atratus)

Leyendas

Los indios caingangues, que habitaban en las orillas del Río Iguazú, creían que el mundo esta gobernado por Mboi, un dios que era hijo de Tupá. Igobi, el cacique de la tribu, tenía una hija de nombre Naipi, la cual era tan bonita que a decir de sus admiradores, las aguas de los ríos se detenían cuando ella se miraba en ellas. Gracias, o a causa, de su belleza, Naipí debía ser consagrada al dios Mboi, pasando a vivir dedicada solamente a su culto.

Entre los caingangues había un joven guerrero de nombre Tarobá, que se enamoró de Naipi cuando la conoció. En el día de la fiesta de consagración de la joven india, mientras los pajes y caciques bebían cauim (bebida hecha de maíz fermentado) y los guerreros bailaban, Tarobá huyó río abajo con la india Naipi en una canoa, arrastrada por la corriente. Al saber de la fuga de Naipi y Tarobá, Mboi quedó furioso. Penetró en las entrañas de la tierra, retorciendo su cuerpo y produciendo una enorme grieta formó la catarata gigantesca que inundó la frágil embarcación - llamada piroga - y los fugitivos cayeron de una gran altura, desapareciendo para siempre. Naipi fue transformada en una de las rocas centrales de las cataratas, perpetuamente castigada por las aguas revueltas, y Tarobá terminó convertido en una palmera situada a la orilla de un abismo, inclinada sobre la garganta del río.

Debajo de esa palmera se encuentra la entrada de una gruta donde el monstruo vengativo vigila eternamente las dos víctimas.

La visita

El Museo está localizado dentro del Parque Nacional de Iguazú, instalado en una casona de la década de los 40. Su interior cuenta con muchos ejemplares de animales embalsamados, muestras minerales, especies vegetales, material etnográfico regional, objetos indígenas, urnas funerarias y objetos artesanales pertenecientes a la cultura tupi-guaraní, además de muestras botánicas existentes en la región a través de paneles fotográficos. Externamente, en la frente del museo, hay una escala con cerca de 1.000 metros de extensión que baja hasta la orilla del Río Iguazú.

El *Pozo Negro* es un lugar del Río Iguazú al que se llega por un camino rústico de 18 Km. El paseo, que es realizado en un vehículo especial, camina por entre la vegetación exuberante del Parque Nacional y tiene una duración de hasta 5 horas. Permite tomar fotografías u observar aves, y cuenta con acompañamiento de guías especializados. El acceso se hace en el Km 18 de la BR 469 (Carretera de las Cataratas)

El Salto del Macuco posee aguas cristalinas y límpidas que caen de una altura de 20 metros sobre las rocas, formando una neblina que permite disfrutar a los visitantes de una ducha espontánea.

La *Ensenada del Río Blanco (Puerto Canoas)* está situada a 1 Km arriba de las Cataratas, y representa un local de descanso y recreación. Es un área arbolada, con parrillas, bancos y mesas, donde se puede disfrutar de una maravillosa vista panorámica del río Iguazú.

Igualmente importante es la *Usina del Río San Juan* situada cerca del Museo del Parque Nacional de Iguazú y que representa una vuelta al pasado, una pequeña excursión por la historia, cuando la tecnología utilizada en la construcción de las usinas generadoras de energía era rústica, imposible de imaginar en los tiempos actuales. El proyecto de construcción de la Usina fue concebido en 1935/36, sin tener su registro oficial. Según investigaciones, la obra comenzó en la década del 30 y finalizó a mediados de 1942.

En la construcción de la Usina, prácticamente todo el material utilizado era recogido en la región, y los equipamientos importados de Suiza por el Gobierno Federal. Considerado de grandes dimensiones para la época, los equipamientos desembarcaban en el puerto de Santos, siendo transportados en tren hasta Presidente Epitacio, interior de San Pablo y luego, por el río Paraná en barcos especiales hasta Guaíra. De Guaíra a Foz do Iguazú, eran transportados en vehículos de tracción animal.

Considerada como un hito histórico en la vida del municipio, la Usina del Río San Juan se destaca en la historia del dominio de la energía eléctrica en Paraná, por el gran trabajo realizado por centenas de hombres, hace casi medio siglo.

Terminología esencial:
Araucarias:
Planta trepadora de Brasil, de hojas oblongas, blanquecinas por el envés, y flores blancas y olorosas.
Usinas:
Instalación industrial importante, en especial la destinada a producción de gas y energía eléctrica.

Parque Nacional Serra da Capivara

Los numerosos refugios en la roca del Parque Nacional de la Serra da Capivara están decorados con pinturas, algunas de las cuales datan de hace más de 25.000 años. Son un excepcional testimonio de una de las comunidades humanas más antiguas de América del Sur.

Tiene una extensión de 97.900 hectáreas y está anclado en el estado de Piauí, ganando prestigio cada año por razones arqueológicas pues se han encontrado restos que datan del año 50.000 a.C. perteneciente a la cultura Pedra Furada. Las excavaciones más importantes están en La Toca do Sitio da Pedra Furada, una zona rocosa que contiene numerosas cuevas con pinturas rupestres, cerámicas y otros utensilios elaborados principalmente con sílex, cuarzo y cuarcita, estos dos algo más recientes.

Las pinturas poseen cierta calidad artística y como representan momentos habituales de la vida podemos saber con cierta precisión cómo vivieron y pelearon esas personas.

COLOMBIA

Parque Nacional Los Katios

Extendido sobre 72.000 hectáreas en el Noroeste de Colombia, el Parque Nacional de Los Katios contiene colinas bajas, bosques y planicies húmedas. Allí puede encontrarse una excepcional diversidad biológica, pues el parque es hogar de muchas especies animales amenazadas, además de plantas endémicas.

Esencialmente se encuentra dividido en dos ecosistemas, en la zona oeste un bosque tropical y una altura máxima de 600 metros, mientras que en la este apenas supera los 50 metros de altura y gracias al río Atrato se mantiene una zona húmeda. En la primera, la serranía de Darién, se encuentran saltos de agua imponentes como el Tilupo o el Tendal, signos que le identifican con su pasado ligado a Australia, antes de que la actual Sudamérica se uniera a la placa norteamericana.

Flora y fauna

Se contabilizan al menos 450 especies de aves, entre ellas el loro amazonas, el perezoso de dos dedos y el puma, mientras que son igualmente abundantes los peces, hasta un total de 550 especies diferentes y reptiles como el anolis.

COSTA RICA

Parque Nacional Isla de Cocos

El Parque Nacional de la Isla del Cocos, situado a unos 550 Km de la Costa del Pacífico de Costa Rica, es la única isla en el Pacífico del Este con un bosque tropical húmedo. El mundo subterráneo del parque nacional ha llegado a ser famoso debido a la atracción que tiene para los buzos, pues lo valoran como uno de los mejores lugares en el mundo para observar grandes especies pelágicas tales como tiburones, rayas, atunes y delfines.

Reservas Talamanca Range – La Amistad

La localización de este lugar único en América Central, donde los glaciares cuaternarios han dejado su marca, ha permitido mezclarse a la fauna y flora del Norte y Sur de América. Bosques de lluvia tropicales cubren la mayoría del área donde cuatro diferentes tribus indias habitaron esta propiedad, que se beneficia de la íntima cooperación entre Costa Rica y Panamá.

Con una extensión de 500.000 hectáreas, en las que están incluidas el bosque Las Tablas, su límite llega hasta el río Sixaola y el pico Chirripó, con unas temperaturas que oscilan entre los 8º bajo cero y los 25º. Además de la reserva india en Talamanca, hay dos reservas biológicas, dos zonas silvestres en la cordillera de Talamanca-La Amistad y una impresionante cascada en Hitoy-Cerere. En el parque se pueden apreciar las marcas de las glaciaciones del Cuaternario, cuya acción ha moldeado y formado lagos, valles y circos, sin impedir que sea posible el intercambio entre las especies de los diferentes terrenos y ecosistemas contiguos. Igualmente hay zonas únicas como los páramos, ocho biomas y turberas de altura.

Los restos arqueológicos no son menos importantes y tienen una antigüedad de 10.000 años a.C., encontrándose tumbas, monolitos, escritos y grabados en la roca, situándose en una zona en la cual aún hoy viven miles de indígenas cuyas costumbres se parecen mucho a las ancestrales, entre ellos los bribri, guaymi, brunca y cabecar.

Flora y fauna

Hay al menos 13 especies de mamíferos, como el mono casablanca, el puma, el pizote, el tapir, el quetzal y el jaguar. También 560 especies de aves (entre ellas el Fénix de los bosques), 250 de reptiles y anfibios, muchos de ellos endémicos.

Terminología esencial

Turbera
Lugar donde se forma la turba, un carbón mineral originado por la descomposición de pequeños vegetales acuáticos acumulados en el fondo de aguas.
Pizote
Plantígrado semejante a la ardilla, pero mayor y que puede domesticarse.
Tapir
Mamífero en peligro de extinción parecido al jabalí, de piernas largas, nariz en forma de trompa y cola casi inapreciable.

PANAMÁ

Parque Nacional Darién

Formando un puente entre los dos continentes del Nuevo Mundo, el Parque Nacional Darién ofrece una excepcional variedad de habitantes, con playas arenosas, costas rocosas, mangles, ciénagas y bosques tropicales de tierras altas y bajas que contienen una notable vida salvaje. Dos tribus indias viven en el parque.

Tiene una extensión de 575.000 hectáreas y se trata de un ecosistema variado en el que se mezclan los bosques monzónicos con bosques cenagosos de agua dulce, amplias extensiones de manglares, bosques con niebla cerrada y zonas arqueológicas en las cuales se aprecian el modo de vida de las civilizaciones precolombinas de Mesoamérica y Perú. Todavía existen dos culturas definidas, como la de los indios de las cuevas y los chocoes que viven en pequeñas comunidades no siempre aisladas de las costumbres modernas, por lo que es frecuente que dañen en ocasiones su hábitat natural. Los chocoes habitualmente viven de la caza y de la pesca, con viviendas construidas en el interior de los lagos y que se apoyan en estacas.

Flora y fauna

Es frecuente observar árboles que sobrepasan los 50 metros de altura y zonas de alta densidad con hasta 120 ejemplares por hectáreas, entre ellos el cuipo y el cativo, muy apreciado por su madera. Las altas extensiones de manglares convierten a los bosques en zonas muy productivas y entre ellos destacan los manglares blanco, rojo y negro, así como numerosas especies vegetales aún sin identificar.
Entre los animales encontramos al capibara o carpincho, un roedor anfibio que se alimenta de peces, el gran perro del monte, el jaguar, el manigordo y el tigrillo, así como una gran diversidad de monos, ciervos, pecaris (cerdos salvajes) en manada, saínos y tapiros.

Terminología esencial:

Manigordo
Ocelote que mide poca más de un metro y que vive en los bosques más espesos, caza de noche y que puede ser domesticado.

Saíno
Paquidermo parecido a un jabato pequeño, sin cola y que tiene una glándula en el lomo que segrega un líquido fétido.

CUBA

Trinidad y el Valle de los Ingenios

Fundada a principios del siglo XVI en honor de la Santa Trinidad, la ciudad fue una cabeza de puente para la conquista del continente americano. Sus edificios de los siglos XVIII y XIX, tales como el Palacio Brunet y el Palacio Cantero, fueron construidos en sus días de prosperidad gracias al comercio del azúcar.
Fundada por Diego de Velázquez en 1514 y lugar de partida para las fuerzas de Hernán Cortés, posee una de las zonas azucareras más importantes de América, especialmente en el Valle de los Ingenios o Valle de San Luis, frente al mar de las Antillas. Rivaliza en importancia con el centro histórico de Trinidad que cuenta al menos con 1.207 construcciones importantes y otras 1.505 en la zona de la transición. Todos estos edificios han permanecido casi igual a la época de la colonización española, lo que obliga a sus moradores a que en cierto modo sigan viviendo de forma similar a esa época.

DOMINICA

Parque Nacional Morne Trois Pitons

El exuberante bosque tropical natural se combina con características volcánicas de alto valor escénico e interés científico en este parque nacional, centrado en los 1.342 metros de alto de un volcán que recibe el nombre de Morne Trois Pitons. Con sus pendientes y profundos valles, 50 fumarolas y fuentes de calor, lagos de agua fresca y cinco volcanes, junto con las rica biodiversidad con las Antillas Menores, el Parque Nacional Morne Trois Pitons representa una rara combinación de características naturales con valor de Patrimonio Mundial.

ECUADOR

Islas Galápagos

Localizadas a unos 1.000 Km de América del Sur en el Océano Pacífico, estas diecinueve islas volcánicas han sido llamadas el único "museo viviente y escaparate de la evolución". La presencia de una inusual vida animal, como la iguana de tierra, la tortuga gigante, y muchos tipos de peces, inspiraron a Charles Darwin en su teoría de la evolución, tras su visita aquí en 1835. Charles Darwin, nació en Shrewsbury en 1809 y murió en Downe, en 1882. Este naturalista llegó a las islas Galápagos, denominadas inicialmente como Archipiélago de Colón, en el velero «Beagle» aproximadamente en 1835, como parte de un largo viaje en el cual recogió multitud de datos de carácter geológico, zoológico y botánico. Sus conclusiones las publicó en 1839 y en ellas mencionaba la gran semejanza de la fauna y la flora de las islas Galápagos con las de América del Sur, lo que le permitió llegar a la conclusión sobre la posibilidad de una evolución en las especies como una selección natural, aunque estos datos no quiso incluirlos como parte de su informe.
Tuvieron que pasar casi veinte años, cuando otro investigador de nombre A.R. Wallace publicara unas conclusiones similares a las suyas, para que decidiera presentar un trabajo firmado por ambos ante la Linnean Society de Londres. Trece meses salió a la luz «Sobre el origen de las especies», aplicando posteriormente sus concepciones a la especie humana que fue descrita en «El origen del hombre».

Las islas Galápagos forman actualmente una de las zonas de mayor actividad volcánica oceánica en todo el mundo.

Concretamente, los volcanes de las islas Isabela y Fernandina son los más recientes en cuanto a su génesis, y los más activos, existiendo lagos interiores de agua salada que ocupan los cráteres.

Parque nacional de Galápagos

El parque fue establecido el 14 de mayo de 1936 y sus límites incluían todas las Islas Galápagos. El archipiélago consta de 120 islas que, en términos geológicos, son jóvenes, calculándose que incluso las partes más antiguas tienen sólo tres o cuatro millones de años.
Están formadas por procesos volcánicos y la mayoría representan la cima de un volcán, siendo la parte oeste del archipiélago la que experimenta intensa actividad volcánica y sísmica. Otras características del paisaje son lagos de cráteres, fumarolas, tubos de lava, campos de sulfuro y otras eyecciones como piedra pómez, ceniza y toba volcánica. El terreno generalmente está compuesto por fuentes de lava que forman superficies desiguales, erosionadas con una profunda capa de cantos rodados redondos o angulares.

Flora y fauna

La vegetación costera aparece a lo largo de las playas, lagunas de agua salada y orillas erosionadas. Las cuevas y lagunas están dominadas por ciénagas de mangles; la zona árida se encuentra inmediatamente tierra adentro desde la zona litoral, y es la formación más extendida en las islas. La zona húmeda emerge sobre la zona árida a través de un cinturón de transición en el cual se combinan los elementos de las dos anteriores. También hay una zona donde los altos árboles son sustituidos por cubiertas de bajos y densos arbustos.
En este conjunto singular de islas pueden diferenciarse varias comunidades vegetales. Se observa una zona litoral con manglares que ocupa el área de mareas y se localiza en los

esteros, bahías y ensenadas. En las islas grandes existe una zona de transición en la que conviven algunas cactáceas con plantas siempre verdes típicas de terrenos con más humedad. Esta comunidad vegetal se llama Pisonia floribunda por su especie dominante. Por último, la zona de la Pampa ocupa las cimas más altas de las Galápagos y es una formación florística de helechos y gramíneas, en la que prevalecen los primeros.

La fauna endémica incluye invertebrados, reptiles y aves, aunque hay muy pocos mamíferos. Entre los reptiles está la tortuga gigante, Galápago, que da nombre al archipiélago, con 11 subespecies distintas. La iguana terrestre, tres especies de serpientes y varias lagartijas, son otros de los ejemplares que pueden encontrarse.

La avifauna incluye especies como el pingüino de Galápagos, el cormorán, el albatros, la gaviota blanca y la gaviota de lava. Entre las aves terrestres destacan la garza verde, el gavilán de Galápagos, la tórtola, el papamoscas y la golondrina, aunque el número se ve incrementado por las aves migratorias, entre las que destacan el halcón peregrino y el águila pescadora.

Entre los mamíferos terrestres sólo se localizan murciélagos y varias especies de ratones, estando representados los mamíferos marinos por una foca y un león marino. A las aguas territoriales llegan también los cachalotes y varias especies de delfines, además de varias especies de tiburones, rayas y cetáceos. La tortuga verde y la tortuga de mar son comunes en las aguas circundantes y se han registrado unas 298 especies de peces en 88 familias. También destacan los arrecifes de coral, así como una inmensa variedad de insectos.

Volcanes

Estas islas se encuentran en lo que geológicamente se denomina como "punto caliente", una zona en la cual el magma incandescente pugna por salir a la superficie rompiendo la corteza terrestre, lo que ocasiona una intensa actividad volcánica. Por ello el archipiélago tiene una configuración peculiar, con una capa externa de lava solidificada sobre la que se alzan volcanes e islas grandes.

Las costas son del tipo de emersión, como consecuencia de la elevación de la superficie por la superposición de las corrientes de magma. Posteriormente y durante miles de años, la acción de las aguas oceánicas formará las playas, los acantilados y los farallones, las rocas altas cortadas sobre el mar o cerca de la costa.

Tal es la actividad volcánica de las Islas galápagos, superior a la mayoría de las otras zonas del planeta, que no existen manantiales ni ríos perennes de agua, y eso que hay abundancia de lluvias. Las reservas hídricas se encuentran en el interior de algunos cráteres, en lagos de agua salada.

Las corrientes marinas

Desde junio a noviembre llegan a las costas de las islas las frías aguas procedentes de las corrientes peruanas costeras y las oceánicas, las cuales son ayudadas por los alisios procedentes de la zona tórrida del sudeste y ambas toman rumbo al norte, hasta el Ecuador, para formar la corriente surecuatorial.

La elevada salinidad de las aguas, hasta un 35%, y su temperatura media de 22°, contribuyen a la gran riqueza de la vida marina.

Mientras que durante agosto y septiembre sus costas son bañadas por la corriente de Cromwell, de diciembre a mayo hace su presencia la corriente del Niño, aguas originadas en el golfo de Panamá y que aporta una temperatura de 29° y menos salinidad. Todas estas corrientes son la causa de que este lugar posea unas características ecológicas únicas, pues allí pueden vivir y convivir especies marinas y terrestres procedentes de diversos lugares.

Los pequeños y pintorescos puertos como Baquerizo Moreno, Puerto Villamil y Puerto Ayora, son el lugar de partida y llegada de la gran aventura turística que el visitante tendrá durante su estadía en embarcaciones que serán su hotel.

Muy cerca de la isla San Cristóbal se encuentra uno de los grandes y famosos monumentos egipcios con la figura del felino animal descansando sobre el mar, así como dos gigantescos islotes dentro del archipiélago que impresionan por su monumental tamaño, divididos por un gran canal por el cual cruzan las embarcaciones. Finalmente, se pueden apreciar las imponentes rocas naturales manchadas por el "guano" blanco excretado por la gran variedad de aves exóticas que allí resguardan sus nidos, sobresaliendo las fragatas reales de pecho rojo.

Terminología esencial

Cactáceas:
Plantas sin hojas, con tallos carnosos casi esféricos, divididos en paletas que asemejan grandes hojas, y con flores grandes y olorosas; como la chumbera o el cacto.

Guano:
Abono formado por el excremento de aves marinas que se encuentra acumulado en gran cantidad en las costas y en varias islas.

Emersión:
Salida de un cuerpo hacia la superficie de un líquido en que se hallaba sumergido.

Esteros:
Terreno bajo pantanoso, intransitable, que suele llenarse de agua y que abunda en plantas acuáticas.

Fumarolas:
Grieta de la tierra en las regiones volcánicas, por donde salen gases sulfurosos o vapores de agua cargados de otras substancias.

Mangles:
Arbusto de tres a cuatro metros de altura, cuyas ramas largas y extendidas dan unas raíces que descienden hasta tocar el suelo y

arraigar en él. Sus hojas son semejantes a las del peral, pero más gruesas, más largas y más agudas y por fruto tiene una caja prolongada llena de pulpa algo amarga, pero comestible.

Parque Nacional Sangay

Con su destacada belleza natural y sus dos volcanes activos, el parque ilustra el espectro entero de ecosistemas, comprendiendo desde bosques de lluvia tropicales a glaciares, con llamativos contrastes entre los picos cubiertos de nieve y los bosques de las planicies. Su aislamiento proporciona protección a especies como el tapir montaña y el cóndor andino.
Allí se encuentran volcanes activos como el Tungurahua, el cerro Altar y el formado en el pico Sangay, considerado como el que lleva más tiempo activo en todo el planeta. Este parque presenta una gran diversidad y podemos encontrar zonas con tranquilos prados ganaderos, áreas glaciares e intransitables, zonas de selva húmeda, bosques compactos, desiertos fríos carentes de vida, macizos montañosos y zonas de ríos con torrentes, como las hoyas de Montalus y Upande. La característica, pues, es la gran diversidad en sus zonas, algunas de gran belleza como las de la selva húmeda tropical, con una gran diversidad que le permite mantenerse siempre verde y fértil.

Flora y fauna

De especial interés es el cedro y la caoba, aunque para el turismo sigue siendo la parte más atractiva la ruta de los volcanes, a los cuales solamente se puede llegar andando por estrechos pasillos.
Entre los animales está el lagarto caspi, el gallito de las rocas del cual quedan pocos ejemplares y el oso de anteojos (un úrsido que solamente se puede encontrar allí) También el tapir de montaña, animal que ya existía a principios del Terciario y que

se extendió a Europa hace cuarenta millones de años, regresando a América hace dos millones de años.

GUATEMALA

Parque Nacional Tikal

En el corazón de la jungla, rodeado por una exuberante vegetación, yace uno de los mayores lugares de la civilización Maya, habitados desde el siglo VI a.C. hasta el siglo X d.C. Su centro ceremonial contiene magníficos templos, palacios y rampas, destacando los barrios al público, mientras que restos de viviendas están dispersados a través del paisaje circundante.

Una vez descubiertas las ruinas, para lo cual se hizo necesario eliminar todo el arbolado y vegetación que las cubría, este reducto de la civilización Maya se ha mostrado como uno de los más importantes del mundo. Con una extensión protegida de 1.600 hectáreas de zona arqueológica, se han podido encontrar hasta ahora más de 3.000 objetos arquitectónicos de interés, entre ellos tumbas, altares, estelas y gigantescos templos, sin olvidar el del Jaguar Gigante.

Su divulgación al público comenzó con las excavaciones iniciadas en 1956 y pronto se vieron reflejados en él los años de mayor esplendor Maya, comenzando a construir sus edificaciones más importantes con piedras en el año 600 a.C. También se construyeron amplias plataformas, en las cuales se instalaron observatorios como el Complejo de Conmemoración Astronómica, así como el conjunto palaciego de la Acrópolis. La zona principal de Tikal lo constituye una plaza de 120 metros por 75, cerrada por las pirámides I y II en las zonas este y oeste, así como por una plataforma que tiene cuatro pirámides pequeñas y por la Acrópolis. También se pueden ver otras cuatro pirámides, zonas para el juego de pelota tradicional, cuatro amplias calzadas de piedra, y numerosos objetos de cerámica, así como murales pintados.

La cultura maya se extiende por una zona de 325.000 km², entre
América Central y México, y los restos más antiguos se
remontan a unos 1.500 años a.C., en el período antiguo, mientras
que el medio está situado entre los años 800 y 300 a.C., siendo
los años de mayor esplendor entre el 282 y el 889 d.C.
Los mayas utilizaban un sistema matemático vigesimal para
resolver cálculos astronómicos y con ello consiguieron
establecer tres calendarios de gran precisión: solar (20 meses de
18 días y otro de solamente 5), lunar, y venusiano. Políticamente
nunca manifestaron interés en formar un imperio, pues su
organización era mediante ciudades independientes, cada una de
ellas dirigida por un jefe político, juez supremo y jefe religioso
denominado como "Halach vinic", a su vez asistido por
consejeros y un jefe militar. Los sacerdotes se dedicaban no
solamente a la religión, pues eran expertos escritura, medicina,
y educación.
El pueblo estaba compuesto esencialmente de agricultores, con
una minoría de esclavos, habitualmente delincuentes y
prisioneros de guerra que pagaban así sus culpas y manutención.
En esa organización era impensable el mantenimiento gratuito
de personas que habían ocasionado daños al pueblo.

Flora y fauna

En cuanto a la fauna, se encuentran más de 300 especies de
aves, 2.000 especies de plantas y más de 300 aves diferentes, en
una superficie protegida de 57.000 hectáreas vegetales, en las
que habitan cocodrilos y numerosos anfibios.

HONDURAS

Sitio Maya de Copán

Descubiertas en 1570 por Diego García de Palacio, las ruinas de Copán, uno de los más importantes lugares de la civilización Maya, no fueron excavadas hasta el siglo XIX. Su ciudadela e imponentes barrios públicos caracterizan sus tres escenas principales de desarrollo, antes de que la ciudad fuera abandonada a principios del siglo X.

Está situada en la frontera con Guatemala y posee una extensión de 30 hectáreas protegidas, albergando en su interior los restos de lo que fue una época de esplendor situada entre los siglos III y X a.C. Las obras de rescate se iniciaron en 1839 y se descubrieron numerosas tallas en piedra inéditas de esa cultura, así como edificaciones sumamente perfectas, como los graderíos y los altares. La Acrópolis, por ejemplo, está situada en una terraza de 5 hectáreas y elevada 35 metros sobre el río Copán, aunque no se pudo evitar, ni siquiera con un elaborado muro de contención, que sus aguas corroyeran los cimientos poco a poco. En la actualidad y además de encauzar las aguas del río a su origen, existe una nueva pared de piedra que afianza el monumento.

Los templos eran denominados con números y el 22, por ejemplo, supone uno de los más hermosos de todos, especialmente por la puerta que permite la entrada a las cámaras interiores y que se muestra aterradora cuando se filtra la luz a través del zaguán o zona cubierta de entrada. También es importante la Explanada Central, en donde está el Estadio de las Ceremonias, así como los nueve monolitos y los diversos altares. También son de sumo interés la escalera de los Jaguares cuyas estatuas imitan perfectamente el pelo de estos animales, la Tribuna o mirador que servía para festejos y juegos públicos, las estelas representando individuos o alegorías para la adivinación, así como los altares.

Rivalizando perfectamente con las construcciones de México, Guatemala, Costa Rica y Nicaragua, el Copán posee la mayoría de sus peculiaridades, entre ellas el culto a las fuerzas de la naturaleza. Entre sus ídolos figuran el dios del firmamento,

Itzamná, el dios de la lluvia, Chac, y por supuesto Kukulcan, la serpiente emplumada, el dios creador, todos ellos descritos en el Popol-Vuh, su libro sagrado.

Sus templos eran habitualmente de forma rectangular, con un solo frente y una o varias puertas a las que se llegaba por medio de escalinatas, mientras que los palacios tenían forma piramidal y poseían en su interior cámaras y varios pisos.

De especial interés es la escritura maya, de diseño jeroglífico, que se escribía en espacios rectangulares de esquinas troqueladas, bien sea en piedra, madera o cerámica. También eran abundantes los escritos en pasta de maguey (magucy), una planta carnosa de 15 a 20 centímetros de anchura en la base y de 12 a 14 decímetros de largo, y que también se empleaba para hacer setos vivos en terrenos secos y cálidos. Obviamente, los escritos que han perdurado son aquellos que se realizaron en piedra, especialmente en la Escalera de los Jeroglíficos, un acceso de 10 metros de anchura con 62 peldaños que conducían a un santuario. Por desgracia, sus casi 2.000 caracteres esculpidos y encontrados no son suficientes para establecer su abecedario, pese a las investigaciones del obispo Diego de Landa reflejadas en un manual muy apreciado.

Reserva de Biosfera en Río Plátano

Localizada en la cuenca del Río Plátano, la reserva es uno de los pocos restos de un bosque húmedo tropical en América Central y contiene abundantes y variadas plantas, así como vida salvaje. En su paisaje montañoso en declive hacia la costa Caribeña, unas 2.000 personas indígenas continúan manteniendo sus tradicionales estilos de vida.

Enclavada en una zona de difícil acceso, en ella podemos encontrar dos grandes lagunas, Ébano y Cortina, así como dos montes importantes como Punta Piedra y Mirador, y otros dos de menor altura como Baltimore y Antílope. Por otra parte, el río Plátano proporciona en su largo recorrido numerosas cataratas de más de cien metros de caída.

La importancia de esta reserva de 350.000 hectáreas radica en sus seis principales ecosistemas, en los cuales podemos ver amplias zonas de manglares, estuarios, lagunas costeras, sabanas y llanuras, bosques, zonas de selva húmeda y virgen, y numerosas pruebas de la presencia del Hombre hace miles de años. En el lugar denominado como Piedras Pintadas, hay piedras decoradas, petroglifos (grabados sobre roca) y una zona conocida como Ciudad Blanca, en la cual existen numerosos tesoros y ruinas mayas.

Flora y fauna

Abundan las palmeras de cocos, bosques de pino caribeño, la palma yagua, así como platanillo, zapotín y guana, todos ellos compartiendo terreno con las gramíneas, bromeliáceas, orquidáceas y manglares. En cuanto a los animales existen el cocodrilo, el águila arpía, aro rojo, el guacamayo rojo, el mono araña, el jaguar, tapir y el puma.

Terminología esencial

Zapotín
Árbol con flores rojizas y fruto comestible, de forma de manzana, con carne amarillenta dulce.

PERÚ

Santuario Histórico de Machu-Picchu

A 2.430 metros sobre el nivel del mar, en un lugar montañoso de extraordinaria belleza, en la mitad de un bosque de montaña tropical, Machu-Picchu fue probablemente la más increíble creación urbana del imperio Inca en su mejor momento. Con sus muros gigantes, las terrazas y rampas, que aparecen como si hubieran sido cortadas naturalmente en las continuas escarpas de las rocas, este sitio natural en la pendiente este de los Andes abarca la cuenca superior del Amazonas con una rica diversidad de especies.

Las ruinas de Machu-Picchu están situadas a 50 kilómetros al nordeste de Cuzco, en una zona conocida como La Quebrada, rodeadas de altas montañas que pueden superar los 5.000 metros, por lo que el fondo de la ciudad es un profundo barranco donde discurre el río Urubamba.

No se sabe ciertamente si era un lugar de meditación para los religiosos o un retiro aislado para los poderosos, aunque también es posible que fuera una fortaleza inexpugnable. Sin embargo, la mayor de las incógnitas se refiere a su construcción, pues las inmensas moles de rocas requieren poleas y sistemas sofisticados para elevarlas y moverlas, inconveniente mayor si tenemos en cuenta que posiblemente las tuvieran que traer de lugares que distaban hasta 30 kilómetros. También era un problema la escasez de agua y no se sabe ciertamente la causa por la cual la mayoría de los muertos eran mujeres, salvo que las quisieran poner a salvo de algún invasor.

Todas las ruinas están protegidas por una muralla de cinco metros de alta y uno de espesor, además de contar en su interior con 200 estructuras, cien escalinatas y una mayor con 3.000 peldaños que lleva a la ciudad partiendo del Torreón Militar. Son igualmente importantes la Plaza sagrada, el Gran templo, el Templo Principal, el Palacio Real, el Palacio de la Princesa y la Roca Sagrada, sin olvidar el observatorio astronómico.

Esta Ciudad fortaleza inca permaneció prácticamente oculta a causa de su vegetación exuberante y los enormes precipicios, pues fundida en la piedra quedó disimulada con el verdor que se mezcló como un elemento más en la decoración. Así permaneció oculta su existencia durante cuatro siglos, hasta que fue descubierta por el arqueólogo estadounidense Hiram Bingham en 1912.

No son muy numerosos los edificios de esta ciudad, apenas unos 200, ordenados en terrazas paralelas a distintas alturas en torno a un espacio central, en cuyo punto más alto se eleva el Intihuatana, un posiblemente gigantesco reloj de sol, pero que también podría ser simplemente un altar, donde eran sacrificados los animales y personas que se ofrecían al sol.

El Imperio Inca abarcaba más de 900.000 Km de superficie y su capital era Cuzco, estando dirigida por un emperador llamado Inca. Creado en 1470 por Pachacutec, cuando arribó Pizarro en 1532 gobernaba Atahualpa, y allí encontraron un sistema teocrático basado en el trabajo colectivo de la tierra y en la participación de todos los ciudadanos en las obras públicas y el ejército.

Ahora ya sabemos el gran nivel que tenía la cultura inca durante el mandato de Atahualpa, lo mismo que la arquitectura y la ingeniería, dejando un legado espléndido de caminos, puentes y eficaces sistemas de riego. También planificaron un sistema de correos rápido y eficaz, con atletas que se relevaban entre los pueblos, al mismo tiempo que fueron capaces de elaborar una medicina altamente perfeccionada, llegando efectuar con cierta maestría la cirugía.

Flora y fauna

Pudiera ser que el animal empleado para las labores de carga fuera la alpaca, un mamífero rumiante de pelo largo y brillante similar al de la llama. También encontramos al pequeño oso de anteojos, con unas manchas que simulan gafas, y que suele vivir en los árboles, así como el gallito de roca, un ave en peligro de extinción y que forma parte de la cultura y la política del país. También hay ciervos, guanacos y vicuñas, todos ellos viviendo bien protegidos por las abruptas montañas y sus profundos cañones.

Los bosques son frondosos, la mayoría aún inexplorados, y enclavados en la Ceja de Selva una zona que posee una vegetación amazónica que llega prácticamente hasta las nevadas cumbres a 5.000 metros. Son abundantes las orquídeas, así como los ulcumanos, cedros y laureles.

Parque Nacional Huascaran

En la Cordillera Blanca, la cordillera de montañas tropicales
más alta del mundo, el Monte Huascaran alcanza 6.768 metros
sobre el nivel del mar. Los profundos barrancos están regados
por numerosos torrentes, y los lagos glaciares y la variedad de la
vegetación hacen de él un lugar de espectacular belleza, así
como el hogar de especies como el espectacular oso y el cóndor
andino.
También está la Cordillera Negra, justo enfrente, y en medio el
callejón de Huaylas. En la Cordillera Negra no hay picos con
nieves perpetuas y su color oscuro proviene de la tierra, un lugar
sin apenas vegetación, consecuencia de la infidelidad de unos
extraños seres que la leyenda afirma vivieron allí, incluso antes
de que existiera el Hombre.
El Parque Nacional está situado en Ancash y posee 27 cimas que
llegan hasta los 6.000 metros y están siempre nevadas. También
se encuentran lagos de alta montaña y se han contabilizado en la
cuenca del río Santa 188 ibones (lagos), algunos con más de un
millón de metros cúbicos, siendo los más visitados las Lagunas
de Llanganuco alta y baja. También hay otros lagos en la cuenca
del río Marañón, que en su recorrido a través de las montañas
por cañones estrechos ocasiona numerosos remolinos, hasta
llegar a ser navegable en Borja.

Flora y fauna

Hay en la zona alta numerosos bosques pequeños, cactus y
gramas, así como árboles resistentes como el quinual, el ususchs
y la puya, una planta gigante.
El akakas, un pájaro carpintero, es muy popular, lo mismo que
los colibríes, la perdiz y el yanavico. También hay grandes
cóndores, el pato rana, el pato de los torrentes, la vicuña, la
vizcacha, el zorro, el puma y algunos gatos silvestres.

Parque Nacional Manú

Este inmenso parque tiene sucesivas gradas de vegetación desde los 150 a los 4.200 metros sobre el nivel del mar. El bosque tropical en las gradas bajas contiene una variedad de animales y especies de plantas sin igual, contándose unas 850 especies de pájaros y otras raras especies tales como la nutria gigante y el armadillo gigante. También se pueden ver habitualmente jaguares.

Aún no está explorado en su totalidad, pues las 1.881.000 hectáreas que abarca son en ocasiones muy intrincadas. Allí se dan formaciones diversas como la puna, el bosque tropical y una cuenca en los márgenes del río Manú que permite una discreta exploración. Este río, con su recorrido de 290 kilómetros, genera una gran cantidad de meandros, incluso lagunas, lo que supone un reducto básico para los animales.

En Tres Cruces existe un mirador situado a 4.000 metros de altitud, desde el cual se puede ver casi todo el parque, mientras que por la margen derecha del río Alta Madre de Dios atravesaremos numerosas zonas vegetales como la llamada Ceja de Selva. Sin embargo, el máximo atractivo está en el descenso del río, pues sus cristalinas y rápidas aguas proporcionan emociones fuertes y la visión de paisajes naturales y antiguas culturas.

Flora y fauna

En los bosques habita el venado pequeño, el oso hormiguero gigante, el oso de anteojos, así como el gallito de las rocas. También se puede ver al tapir, la boa arco iris, la tortuga acuática tarucaya, el mono capuchino y numerosas serpientes venenosas. Entre las aves están la gigantesca perdiz azulada, la panguana, el buitre real y el shansho, lo mismo que numerosas colonias de monos, pecaris, huangana y sajino, sin olvidar a los venados, roedores, nutrias, corcomanes, gansos, patos, jaguares y abundantes papagayos.

La flora está representada por gigantescos árboles en los cuales
viven líquenes, musgos y helechos, así como cedros, caobas y
palmeras huasar.

Parque Nacional Río Abiseo

Este parque fue creado en 1983 para proteger la fauna y flora de
los bosques húmedos característicos de esta parte de los Andes,
existiendo un alto nivel de endemismo entre las especies de
fauna y flora de este parque. El mono lanudo de cola amarilla,
que previamente se creía extinto, se encuentra sólo en esta área.
Investigaciones emprendidas desde 1985 han descubierto ya 36
lugares arqueológicos desconocidos hasta entonces, en altitudes
de entre 2.500 y 4.000 metros, que dan una imagen muy buena
de la sociedad pre-Inca.
Afortunadamente, su difícil acceso le ha permitido permanecer
bien conservado, aunque no ha impedido que encierre una gran
diversidad de vida gracias a sus diversos microclimas. Durante
las glaciaciones del Pleistoceno este lugar permaneció escondido
y se desarrollaron numerosas especies vegetales que pudieron
expandirse cuando terminaron las glaciaciones y mezclarse con
otras nuevas lo que originó una biodiversidad extraordinaria.
En cuanto a los yacimientos encontrados está el Gran Pajatén y
la Cue va Manachaqui, situándose en el primero la ocupación
en los años 900 a.C. y 1500 d.C., mientras que en el segundo se
estima como probable los años 6000 a 1800 a.C. y 1500 d.C.

Flora y fauna

La zona más elevada posee praderas y páramos desprovistos de
arbolado a causa de los vientos secos, mientras que en zonas
inferiores se dan bosques húmedos. Aparecen aves endémicas
como el pardusco y el cotinga (pájaro grande y vistoso), lo
mismo que el tucán de Huallaga, el cóndor, el loro anaranjado y
el pato castaño. También hay el oso de anteojos, el jaguar y
algunos monos casi extintos, como el choro de cola amarilla.

VENEZUELA

Parque Nacional Canaima

El Parque Nacional de Canaima está desplegado sobre tres millones de hectáreas en el Sudeste de Venezuela a lo largo del borde entre Guayana y Brasil. Aproximadamente el 65 % del parque está cubierto por formaciones de tabla montañosa tepui, constituyendo una única entidad biogeológica de gran interés. Los escarpados riscos y cascadas, incluyendo la más alta del mundo (1.000 metros), forman un paisaje espectacular.

Canaima fue establecido como Parque Nacional en 1962. Incluye las tierras superiores de la Gran Sabana y algunas zonas de Roraima Range, además de la meseta de piedra arenisca de Chimantá y Auyán-tepui y el Noroeste de las tierras bajas de Canaima. Contiene rocas precambrianas que han sido objeto de 600 millones de años de erosión para formar un paisaje espectacular y está compuesto principalmente de piedra arenisca horizontal y estratos con inserciones de rocas ígneas.
Los geólogos denominan escudo o zócalo al conjunto de materiales muy antiguos que han logrado llegar hasta nuestros días sin quedar ocultos por sedimentos posteriores. En este aspecto, el Parque Canaima se asienta sobre el gran escudo de Guayana. Cuando la zona comenzó a elevarse se originó un relieve en forma de meseta alta y aplanada, surcado en superficie por una poderosa red hidrográfica cuyos elementos fueron arrancando los materiales más blandos, al mismo tiempo que se encajaban entre los más duros.
Precipitándose desde la cima del Monte Auyan tepui el Salto del Ángel es el lugar preferido para los turistas. Descubierto por Williamson y James Angel, ambos aventureros y buscadores de oro, creyeron haber encontrado una réplica de Eldorado y en su interés por sacar la mayor cantidad posible de oro se toparon con

un tesoro aún mayor, el Monte del Diablo, un tepui en niebla que descargaba numerosas cataratas, entre ellas la imponente Cherún merú. Pronto los geólogos analizaron terrenos y muestras, y dedujeron que la zona hace 2.000 millones de años había estado sumergida por las aguas en su mayor parte. Los sucesivos elevamientos del terreno, en forma de meseta plana, marcaron lo que ahora conocemos, algunos de un tamaño de hasta 200.000 kilómetros cuadrados, pero bien separados unos de otros. Además, en su interior y por la acción de las aguas que se filtraba por las grietas, se formaron grandes cuevas, como la de Sarisariñana de 370 metros de profundidad.

Flora y fauna

Las sabanas pueden dividirse en dos tipos: en el suelo arenoso se encuentran extensas zonas verdes y en los terrenos más ricos, con una localización más húmeda, hay otros tipos de hierba. Los bosques sólo se encuentran a lo largo de los ríos, en húmedas depresiones y en las cuestas y barrancos, caracterizándose la vegetación típica por especies endémicas y plantas carnívoras.
La conjunción de abundantes lluvias y altas temperaturas da lugar a una cobertura vegetal que puede ser muy densa, pero que varía según los factores topográficos. En la Gran Sabana, por ejemplo, dominan las plantas herbáceas con numerosas palmas moriches, pero la gran joya se encuentra en la cima de los tepuis, auténticas barreras evolutivas en las que la vegetación se ha diversificado de forma independiente.

En cuanto a la fauna, es muy diversa, e incluye gran cantidad de mamíferos, aves, reptiles y anfibios. Entre los primeros, destacan el oso hormiguero gigante, el armadillo gigante y dos tipos de leopardo. La cima de los tepuis ha provocado la aparición de subespecies desconocidas de aves. Entre los reptiles, cabe destacar la boa, la gigantesca anaconda o la serpiente de coral.

Terminología esencial

Tepui:
Monte plano que solía marcar la zona del horizonte y que pueden abarcar enormes superficies.

CAMERUN

Reserva de Fauna de Dja

Este es uno de los mayores y mejor protegidos bosques húmedos en África. Casi completamente rodeado por el Río Dja, que forma su límite natural, la reserva destaca especialmente por su biodiversidad y amplia variedad de primates.
En el interior de la reserva viven los pigmeos, que con su estatura nunca superior al metro y medio y su negro amarillento de la piel, han conseguido adaptarse perfectamente a su tierra y ofrecer cierta intimidación al extranjero que llega hasta ellos. La reserva posee un tapiz típico de bosque tropical y la barrera que le ofrece el río, con sus rápidos, cataratas y acantilados, le proporciona una protección idónea para su conservación y el 90% de su vegetación permanece aún como si fuera un bosque primario.

Flora y fauna

Abundan las leguminosas y las plantas trepadoras que buscan la luz del sol enroscándose a los árboles, mientras que la fauna es aún más interesante pues abundan las ranas como el anuro, los hipopótamos, elefantes, cocodrilos, serpientes y, especialmente, los primates. Los monos antropomorfos, como el gorila y el chimpancé, son mucho más agresivos que otros ejemplares iguales, conviviendo sin problemas con el drill, el gaméchogo o los gálagos, así como con el búfalo enano o los antílopes acuáticos.

También existen aves rapaces, así como unos pájaros pequeños llamados tejedores que construyen sus peculiares y llamativos nidos.

REPÚBLICA CENTRO AFRICANA

Parque Nacional de Manovo-Gounda St. Floris

La importancia de este parque reside en su riqueza de flora y fauna. Sus vastas sabanas proporcionan abrigo a una amplia variedad de especies: rinoceronte negro, elefante, leopardo, perro salvaje, gacela de frente roja y búfalo, mientras diferentes tipos de aves acuáticas pueden encontrarse en las planicies inundadas del Norte.
El Parque Nacional Manovo-Gounda St. Floris es la mayor superficie de sabana protegida del África occidental y central. Dentro, se distinguen varias zonas: el sector meridional que está formado por el macizo de los Bongo, conjunto de suaves elevaciones de arenisca fragmentada por numerosos quebrados y desfiladeros; la zona de transición que se extiende hasta las tierras bajas de las cuencas de los ríos Bahr Aouk y Bahr Kameur, y los sectores centrales que aparecen ocupados por una sabana herbácea salpicada de árboles aislados.
Anteriormente denominado como Parque Nacional Matoumara, en 1935, y cinco años después con el actual y definitivo nombre, se consiguió aumentar la zona protegida hasta las 1.740.000 hectáreas en 1979. En el sector meridional alberga al macizo Bongo, del cual parten cinco ríos que nutren la zona norte y que desaguan en el Bahr Kameur y que corriendo paralelo al Aoukale marcan el límite de la zona protegida.

Fauna y flora

En el parque se diferencian tres tipos de sabana principales, encuadrados dentro del tipo sudano-guineano, que se caracterizan por la especie arbórea dominante. Así, la más extendida es la sabana mixta de Terminalia laxiflorae e Isoberlinia, mientras que la sabana monoespecífica de Isoberlinia ocupa una extensión menor. Estos dos tipos de sabana se encuentran intercalados por otra que incluye un matorral del género Terminalia. Los bosques están aislados y aunque sufren las inundaciones estacionales, durante la estación seca el fuego consume casi toda la vegetación que resurge intensa al año siguiente.

En cuanto a la fauna, el parque encierra el abanico completo de la gran fauna centroafricana, y la jirafa, el elefante africano y el rinoceronte negro, así como el kob y el búfalo son algunas de las especies que pueden encontrarse allí, además de la gacela de frente roja, el leopardo y el guepardo. Los cazadores furtivos siguen ejercitando sus matanzas indiscriminadas, viéndose obligadas la mayoría de las especies a concentrarse en zonas más pequeñas en las que compiten por el alimento. Aunque ahora la persecución policial de la que son objeto les ha limitado su trabajo, hay especies que están siempre en serio peligro de extinción, como es el rinoceronte negro, la jirafa y el elefante africano.

Las zonas húmedas cercanas a los ríos Gounda y Koumbala resisten perfectamente las largas jornadas de sequía y constituyen un lugar perfecto para el cocodrilo del Nilo.

COSTA DE MARFIL

Parque Nacional de Täi

Este parque es uno de los últimos retazos de bosque tropical del oeste de África. Su rica flora natural, y las amenazadas especies de mamíferos, como el hipopótamo pigmeo y once especies de monos, son de gran interés científico.

Con una pluviosidad de 1.250 mm anuales y una alta temperatura que apenas varía durante el año, la sensación de agobio en este lugar es inmediata, pues la tupida vegetación apenas deja ver el sol. Las copas de los árboles se extienden como paraguas, lo que impide el crecimiento de hierba o matorral y la proliferación de ramas y hojas húmedas convierten el suelo en una pista de patinaje.

Para encontrar una zona más acogedora hay que acercarse a la orilla de los ríos, lugares en donde el sol incide directamente sobre el suelo pues ya no hay árboles gigantes, y pronto podemos contemplar a los numerosos animales que allí habitan.

Flora y fauna

Los árboles llenos de frutos suponen una provisión de abundante comida, mientras que el suelo rico en humus proporciona alimento a las especies más diminutas. En cuanto a los animales se encuentran el gigantesco antílope bongo, así como los duiqueros, algo menores pero mucho más ágiles. Más diminuto aún, con 25 cm de altura y solamente tres kilos de peso, es el antílope real, similar al dorcaterio de agudos colmillos.

Menos popular aún es el hipopótamo enano, animal que no gusta tanto del agua como su pariente gigante, y que se parece al jabalí de río, siendo confundido frecuentemente con él. Por supuesto, abundan los chimpancés, galápagos, potos y los cercopitecos.

Parque Nacional Comoé

Una de las mayores áreas protegidas en el oeste de África, este parque se caracteriza por su gran diversidad de plantas, pues debido a la presencia del Río Comoé, contiene plantas que normalmente sólo se encontrarían mucho más al sur, típicas del bosque húmedo.

Posee, por tanto, una posición envidiable tanto para el visitante como para la conservación, y en su interior se encuentran zonas de sabanas, arboleda, praderas herbáceas, arbustos y matorral, bosque luminosos y zonas espesas casi infranqueables. Tratándose del mayor espacio protegido del África occidental, supone un atractivo muy alto para Costa de Marfil, pues posee las aguas relativamente tranquilas del río Comoé y unas zonas montañosas de apenas 600 metros de altitud.

Flora y fauna

Abundan las gramíneas resistentes al fuego, los majestuosos baobabs que sirven como reserva de agua, las acacias y euforbias.
De especial interés son las termitas, con sus gigantescos termiteros de seis metros de altura, los antílopes cobo, el antílope equino y el alcelafo buselafo, lo mismo que el búfalo africano enano, la hiena manchada, el chacal dorado, los facoceros (jabalís), leopardos y leones. En el río Comoé y sus alrededores se encuentran los cocodrilos, los monos, las nutrias de cuello blanco, el antílope kob, y varias especies de cigüeñas, así como el águila pescadora.

Reserva Natural Integral del Monte Nimba

Localizado entre Guinea, Liberia y la Costa de Marfil, el Monte Nimba cabalga sobre la sabana circundante. Sus pendientes, cubiertas por un denso bosque al pie de la herbosa montaña, abrigan una fauna y flora especialmente rica, con especies endémicas tales como el sapo vivíparo y los chimpancés que usan piedras como instrumentos.

REPÚBLICA DEMOCRÁTICA DEL CONGO

Parque Nacional Virunga

El Parque de Virunga ofrece con sus 79.0000 hectáreas una incomparable diversidad de hábitat, desde pantanos y estepas a campos de nieve de Rwenzori en una altitud por encima de los

5.000 metros, y desde planicies de lava a sabanas en las laderas
de los volcanes. Unos 20.000 hipopótamos viven en sus ríos y el
gorila de montaña encuentra refugio entre la vegetación, lo
mismo que los pájaros de Siberia que pasan allí el invierno.

Se extiende en torno al lago Idi Amin, y la zona incluye sabanas
herbáceas y arboladas, bosques de montaña, bosques ripícolas
en galería, helechos arborescentes, bambúes y formaciones
clásicas de alta montaña dominadas por las nieves eternas. Se
trata de una extraordinaria diversidad de ambientes y paisajes,
que hacen de Virunga un perfecto representante de las grandes
formaciones africanas.

El parque encierra el brazo occidental de la gran falla de Rift,
enmarcada por el macizo de Virunga, también conocido como
Montañas de Fuego. La acción del conjunto volcánico ha
modelado perfiles originales, variando incluso antiguas redes
hidrográficas. Las corrientes de lava que tenían su origen en
estas montañas rellenaron una sección de la fosa de Rift, por
donde discurrían las primeras aguas de la cuenca del Nilo.

Con ocho conos diferentes, las Montañas de Fuego son uno de
los núcleos volcánicos más activos del planeta, sirviendo
además de frontera entre Uganda y Ruanda. Junto a todos estos
conos aparecen multitud de pequeños cráteres inactivos.

Al oriente de las Montañas de Fuego se sitúa la cadena de
Mikeno, un conjunto de volcanes extintos que todavía presentan
algunas manifestaciones de su antigua actividad, como
fumarolas, solfaratas, numerosas fuentes termales y
emanaciones de dióxido carbónico.

Flora y fauna

Los pisos medios y altos de las Montañas de Fuego se
encuentran recubiertos por una espesa selva de montaña, refugio
de algunas especies amenazadas. El elefante de selva, el búfalo
de bosque y el duiker bayo son algunas de ellas. Los simios
están representados por el mico azul.

Al norte de las Montañas de Fuego se sitúa la gran llanura de Vitshumbi, cubierta por una sabana boscosa que alterna con zonas de matorral y euforbias. En la zona nororiental de Virunga se encuentra la gran cordillera Ruwenzori, las Montañas de la Luna. El fuerte gradiente altitudinal acarrea una fuerte variación de temperaturas, lluvia y radiación solar, de modo que se suceden diferentes pisos de vegetación. La base está formada por una selva de montaña, sobre la que se sitúa el piso submontano dominado por el bosque umbrófilo, que más arriba cede ante la franja de bambú montano.

Sobrepasado éste se alcanza una zona de praderas de hierba kikuyo y pie de león; por encima, un área subalpina dominada por brezos arborescentes, mientras que el suelo se encuentra tapizado de musgos, helechos y líquenes.

Parque Nacional Salonga

Es la reserva mayor de bosque húmedo, en el corazón de la cuenca central del Río Zaire, aunque está muy aislado y accesible sólo por agua. Es el hábitat de muchas endémicas especies en peligro, tales como el chimpancé enano y el pavo real del Zaire, el elefante de bosque y el conocido como "falso" cocodrilo.

El Parque Nacional Salonga, creado en 1970, se sitúa en el sector central de la selva ecuatoriana del Zaire y supone el espacio protegido de mayor extensión del continente africano y el tercero del planeta.

Se encuentra dividido en dos sectores: el sector Norte presenta forma de punta de flecha y se encuentra limitado en su borde septentrional por el curso del río Lomela, mientras que el río Salonga atraviesa este sector en toda su longitud. Por su parte, el sector Sur se extiende bajo el curso del río Luilaka, englobando, además, la cuenca superior del río Likoro.

Las tierras ocupadas por el Parque Nacional se caracterizan por estar sus suelos constituidos por llanuras y terrazas aluviales, con terrenos muy aislados, accesibles tan sólo por los grandes ríos. En la zona noroccidental los cursos de agua son anchos y sinuosos, con orillas pantanosas que se encharcan en las épocas de avenida. Por el contrario, al desplazarse hacia el Este los suelos adquieren una mayor consistencia, con valles bien marcados y ríos que corren en ocasiones lamiendo acantilados de 80 metros de altura. Dentro del sector Sur del parque se incluye la línea de crestas que separa las cuencas de los ríos Luikala al Norte, Likoro al Oeste y Lukenia al Sur.

Flora y fauna

Salonga posee un clima típicamente ecuatorial, cálido y húmedo. La gran superficie del parque y las diferencias de cota reseñadas permiten la aparición de diferentes tipos de selva. Las tierras encharcables del Oeste y Noroeste se encuentran ocupadas por una selva pantanosa, que es reemplazada por una selva xerófita al desplazarse hacia las tierras más elevadas del Este. El curso de los numerosos ríos es flanqueado por la selva fluvial, de mayor porte que las anteriores. En la parte norte aparecen formaciones herbáceas conocidas localmente como baño de los elefantes, mientras que en la parte sur del parque, marcadamente más seca, la selva es reemplazada por una sabana arbolada bautizada con el nombre de esobe.
En cuanto a la fauna, la especie más notable en Salonga es el chimpancé enano, habitante exclusivo de la ribera izquierda del río Zaire, siendo el primate más frecuente el colobo herrumboso. Las selvas de Salonga abrigan también al pangolín de cola larga y en las áreas pantanosas se localiza al antílope situtunga y el bongo. Especies amenazadas son el elefante de selva y el falso gavial.

Parque Nacional Garamba

Inmensas sabanas, tierra verde o bosques, se entremezclan con la galería forestal a lo largo de los bancos del río y las depresiones pantanosas, protegiendo cuatro grandes mamíferos: el elefante, la jirafa, el hipopótamo y, sobre todo, el rinoceronte blanco. Mucho mayor es el rinoceronte negro, inofensivo, y del cual sólo quedan unos treinta ejemplares.

El Parque Nacional Garamba es una penillanura interrumpida apenas por pequeñas colinas graníticas. A causa del clima, la sabana, arbolada primero y herbácea después, ha ido ganando terreno a la selva, de modo que el bosque de galería sólo se da junto a los cursos fluviales como el río Dungu, el Aka o el propio Garamba.

Las especies dominantes en las zonas selváticas son Khaya senegalensis y Chlophora excelsa, mientras que en las áreas inundadas impera Mytragina africana y en las sabanas destaca el imponente baobab.

La sucesión de flora influye lógicamente en la distribución faunística, de manera que animales como los cocodrilos o los hipopótamos quedan restringidos a las proximidades del agua, mientras los herbívoros tienen una mayor zona de expansión. Se dan también la jirafa y grandes felinos como leones y panteras, y otras especies como las gacelas, antílopes y búfalos, así como gran variedad de aves. Sin embargo, la gran joya de Garamba es el rinoceronte blanco, pues el parque fue creado para asegurar su protección.

Parque Nacional Kahuzi-Biega

Es una vasta área de bosque tropical dominado por dos espectaculares volcanes extintos, Kahuzi y Biega, y cuyo parque está poblado con una diversa y abundante fauna. Uno de los últimos grupos de gorilas de montaña (consistente sólo en cerca de 250 individuos), viven entre los 2.100 y 2.400 metros sobre el nivel del mar.

Reserva de Vida Salvaje Okapi

La Reserva de Fauna Okapi ocupa el Bosque Ituri en el Noreste de Zaire. La cuenca del Río Zaire, de la cual forman parte la reserva y el bosque, es uno de los mayores sistemas de drenaje en África y ha proporcionado un gran número de los mayores descubrimientos de la evolución. La reserva contiene especies amenazadas de primates y aves, y cerca de 5.000 de los estimados 30.000 okapis que sobreviven en libertad. También contiene cascadas en los ríos Ituri y Epulu. La reserva es de especial interés por su valor cultural, pues está habitada por el pigmeo nómada Mbuti y cazadores Efe.

ETIOPIA

Parque Nacional Simen

La erosión durante años en la planicie Etíope ha creado uno de los más espectaculares paisajes en el mundo, con dentados picos montañosos, profundos valles e intensos precipicios de hasta 1.500 metros. El parque es el refugio de animales extremadamente raros, tales como el mandril Gelada, el zorro Simen y el Walia ibex, una cabra no encontrada en ningún otro lugar en el mundo.
Originado probablemente por una erupción volcánica que dio lugar a una meseta ondulada y unas montañas que posteriormente fueron erosionándose, nos proporcionan ahora unas paredes escarpadas con desniveles de hasta 1.500 metros, que muestran un paisaje árido de gran belleza. En el Parque Nacional se encuentran, por tanto, precipicios que se aproximan a una inmensa muralla natural, con picos de hasta 4.000 metros de altura. En el interior todavía es posible la ganadería y cultivos diversos, lo que unido a la quema indiscriminada de malezas para mejorar las zonas de pastos, ha contribuido a un paulatino empobrecimiento.

Flora y fauna

Es posible encontrar bosques pequeños con brezos gigantes de hasta 7 metros de altura, la única especie vegetal de interés en ese lugar. Lo más atractivo, además del paisaje que rivaliza con las Montañas Rocosas, son los monos babuinos de Gelada, especie en peligro de extinción que dedica largas horas al día en quitarse unos a otros los parásitos. También está al borde de la desaparición la cabra walia y el lobo de Abisinia, mientras que sobreviven mejor las aves rapaces como el buitre quebrantahuesos, el águila de Verreaux, el cernícalo y el halcón borní.

Valle Bajo del Aouache

Punto de referencia en el estudio de los orígenes de la humanidad, el Valle Awash contiene uno de los más importantes grupos de lugares paleontológicos en la continente africano y pudiera ser la cuna del Homo Sapiens.
Allí encontramos numerosos fósiles que parecen demostrar la evolución del hombre y un entorno que es sumamente favorable. La escisión del Cuerno de África del resto del continente, que comenzó hace veinte millones de años a causa de la actividad sísmica y volcánica, dio origen al mar Muerto y el río Jordán, con lo cual se formó una barrera de agua que favoreció el desarrollo de las especies aisladas. Se cree que la ausencia de árboles obligó a los primates a enderezarse y las investigaciones efectuadas en la década de 1970 parecen avalar esta teoría, especialmente cuando se descubrió el esqueleto de Lucy, un homínido hembra.
En el Valle del Aouache se encuentra un yacimiento de fósiles perfectamente conservados y además de la hembra Lucy posiblemente los otros trece individuos sean miembros de la misma familia, todos con una antigüedad de unos cinco millones de años.

Fauna

Aunque sin aportar la relevancia de los restos humanos, también
son interesantes la abundancia de vertebrados como elefantes,
hipopótamos, rinocerontes, caballos y monos.

Terminología esencial

Homínido
Individuo perteneciente a los primates superiores cuya especie
superviviente es la humana.

Valle Bajo del Omo

Lugar prehistórico cerca del Lago Turkana, el valle bajo del
Omo es renombrado en todo el mundo. El descubrimiento allí de
muchos fósiles, especialmente de Homo Gracilis, ha sido
importante en el estudio de la evolución humana.

Al norte del lago Turkana fue donde se descubrió unos de los
restos de homínidos más importantes, especialmente en cuanto a
su actividad y costumbres. Se encontraron inicialmente estratos
con una antigüedad de 4 millones de años, entre ellos conchas,
madera, polen, huesos de animales, y numerosos restos de
cuerpos humanoides que se han identificado como
pertenecientes al Australopitecos e incluso al Homo habilis.

La bóveda craneal del Hombre de Java fue la prueba que los
defensores de la teoría de Darwin necesitaban para encontrar el
eslabón perdido, junto con otro cráneo definido como del Niño
de Taung y el de un australopiteco al cual se le otorgó una
antigüedad de un millón y medio de años.

GUINEA

Reserva Natural Integral del Monte Nimba

Localizado entre Guinea, Liberia y la Costa de Marfil, el Monte Nimba cabalga sobre la sabana circundante. Sus pendientes, cubiertas por un denso bosque al pie de la herbosa montaña, abrigan una fauna y flora especialmente rica, con especies endémicas tales como el sapo vivíparo y los chimpancés que usan piedras como instrumentos.

Los montes Nimba han logrado mantener su nivel pluviométrico gracias a su aislamiento, logrando una vegetación típicamente de selva en un entorno más desértico. El macizo del Nimba forma frontera con Costa de Marfil y Guinea, aunque todavía queda sin proteger la zona que linda con Liberia. En el bosque se encuentran tres estratos vegetales diferenciados, según la altura en la que se desarrollan, pasando de la sabana arbolada, al bosque y en la parte superior un terreno pedregoso con praderas.

Flora y fauna

Son de especial interés, aunque nunca para el turista, la abundancia de especies de miriápodos y quilópodos, como el ciempiés, así como arañas de grandes patas, escarabajos, grillos, saltamontes, langostas, y batracios diversos como el sapo de Nimba. También es importante el insectívoro potamogalo, parecido a una nutria, los numerosos chimpancés y los cangrejos de río, sin olvidar la presencia de los tradicionales leopardos, búfalos, lobos y pangolines o comedores de termitas.

En el suelo del bosque hay numerosas plantas criptógamas, lo mismo que árboles gigantescos y así hasta un total de doscientas especies vegetales diversas.

KENIA

Parques Nacionales de Sibiloi. Isla Central

El Parque Nacional Sibiloi está situado en la orilla este del Lago Turkana al Norte de Kenia. El ecosistema del Lago con su diversa vida de aves y ambiente desértico, ofrece un excepcional laboratorio para los estudios de plantas o comunidades de animales. El lago es también una de las áreas de crianza más importantes de África para el cocodrilo del Nilo. Los descubrimientos de restos fósiles de mamíferos en el lugar permiten la reconstrucción científica del entorno de la cuenca entera del Lago Turkana en el periodo Quaternario.
El área se caracteriza por un hábitat semidesértico. Las planicies abiertas están flanqueadas por formaciones volcánicas, incluyendo el Monte Sibiloi, lugar de los restos de un bosque petrificado probablemente hace 7 millones de años. La Isla Central, en medio del Lago Turkana, es también volcánica, mientras que la orilla del lago es más rocosa que arenosa, con poca vegetación acuática. El parque se extiende un kilómetro desde la orilla hasta el Lago Turkana.

Kenia está situada junto al océano Índico y tiene como capital a Nairobi. Su relieve está ocasionado por el abombamiento y hundimiento del viejo zócalo cristalino que dio origen al Rift Valley, en cuya zona este se levanta el macizo volcánico del monte Kenya, con una altitud de 5.199 metros. Su temperatura media es de 26° y posee dos ríos que desaguan al océano Índico, el Athi y el Tana.

Flora y fauna

Las planicies en tonos verdosos y amarillos incluyen predominantemente el Commuphera y la Acacia, y en la Isla Central puede encontrarse un arbusto de maleza.

Entre los mamíferos, se dan varios tipos de cebras, gacela y oryx, leones y leopardos. El Lago es también destino para gran variedad de aves migratorias, entre ellas Calidris minuta, registrándose unas 350 especies de aves acuáticas y terrestres.

Parque Nacional Selva Natural del Monte Kenia

El Monte Kenia, con 5.199 metros, es el segundo pico más alto de África. Es un antiguo volcán extinto que se piensa que, durante su periodo de actividad, alcanzó los 6.500 metros. Hay doce restos glaciares en la montaña y cuatro picos secundarios asentados en la cabeza de un valle glaciar con forma de "U". El área inscrita incluye las laderas superiores de la montaña, y dos salientes que decoran el Parque Nacional y la Reserva forestal circundante. El Monte Kenia es uno de los paisajes más impresionantes en el este de África y la evolución y ecología de esta flora afro-alpina también proporciona un ejemplo destacado de proceso ecológico.

El Monte Kenia fue levantado por intermitentes erupciones volcánicas, hace más de dos millones de años. La montaña entera está profundamente diseccionada por valles que se extienden desde los picos, que están atribuidos a la erosión glacial, teniendo en su base aproximadamente 96 Km de ancho. Hay unos 20 pequeños lagos glaciales de varias tallas y numerosas morenas se dan ente los 3.950 y los 4.800 metros. Los picos más altos son Batian con 5.199 m y Nelion con 5.188 m.

Fauna y flora

La vegetación varía con la altitud y la lluvia, con una rica flora alpina y subalpina, siendo predominantes la Junipers procera y el Podocarpus en las partes más secas de la zona baja. La Cassipourea malosana predomina en las zonas más húmedas y las áreas más altas están dominadas por bambú Arundinaria alpina y un mosaico de bambú Podocarpus milanjianus. Hacia el oeste y el norte, el bambú se vuelve progresivamente más pequeño y menos dominante, dando paso a la Hagenia abyssinica y H. revolutum más abundante en las áreas de máxima lluvia.

Por encima de los 3.000 metros, el frío es el factor más importante, la estructura de los árboles declina y el Podocarpus es reemplazado por el Hypericum. Los claros herbosos son comunes especialmente en la cresta, mientras que en el bajo alpino o zona de páramo se caracteriza por una elevada lluvia, una gruesa capa de humus, baja diversidad topográfica, y poca riqueza de especies.

Hay 13 especies endémicas en el Monte Kenia y en el bosque más bajo y la zona de bambú los mamíferos incluyen Hylochoerus meinertzhageni, Dendrohyrax arboreus, Ichneumia albicauada, el elefante, rinoceronte negro, Neotragus moschatus, leopardos, y también algún tipo de ratón. Las aves incluyen en ibis verde y alguna especie águila.

MADAGASCAR

Reserva Natural Integral de Tsingy de Bemaraha

La Reserva Natural Tsingy de Bemaraha está hecha de paisajes kársticos y tierras de piedra caliza que cortan los impresionantes picos de "tsingy". También, hay un conglomerado de piedra caliza, y el espectacular cañón del Río Manambolo, con onduladas colinas y altos picos. Los bosques intactos, lagos y ciénagas de mangles, son el hábitat para raros y amenazados lémures y aves.

Situada la meseta entre las cuencas de los ríos Manambolo y Manambaho, posee un contorno irregular en cuya parte más larga hay ochenta kilómetros, todos asentados en un terreno de calizas del Jurásico medio. Conforme la reserva llega a la costa se pierde su carácter abrupto y los fenómenos erosivos, y las elevaciones poseen torcas (una depresión circular con bordes escarpados), dolinas y lapiaces, mientras que la zona del río Manambolo tiene profundas gargantas y paredes de hasta 100 metros de altura.

La erosión del agua de lluvia produce una dilución espectacular de la roca caliza, formando surcos y resquebrajamientos que con las nuevas precipitaciones aumentarán el efecto, con lo cual se forman profundas grietas que separan las masas rocosas.

También son importantes las grutas descubiertas en donde hay sepulturas y otros restos funerarios que nos hablan de una cultura desarrollada en el siglo X y que pudiera ser el resultado de la mezcla de indonesios y africanos.

Flora y fauna

Los paisajes cársticos suponen un espectáculo extraordinario y peculiar, mucho más que las zonas secas del bosque caducifolio que afortunadamente es reemplazado por una sabana en la cual abundan el ébano de Madagascar, el baobad y otras 51 especies arbóreas. También se encuentran orquídeas, multitud de lianas, hierbas y arbustos diversos.

Terminología esencial

Caducifolio
Árboles y plantas de hoja caduca.

MALAWI

Parque Nacional del Lago Malawi

Localizado al sur del inmenso Lago Malawi, con sus profundas y claras aguas en un fondo de montañas, el Parque Nacional del Lago Malawi protege a cientos de especies de peces, casi todos

endémicos, destacando, además, por su importancia en el
estudio de la evolución.

Parece ser el mismo lago que el legendario doctor Livingstone
descubrió en el siglo XIX, aunque tuvimos que esperar hasta
1980 para que fuera declarado Parque Nacional, con una zona
protegida ciertamente pequeña de 94 Km2.

Pero, no obstante, se trata de una reserva que protege la fauna
piscícola del lago Malawi, uno de los lugares que más especies
diversas posee en el mundo. En tan corta cantidad de agua
existen al menos 500 especies diferentes y eso que solamente se
han estudiado con detenimiento las que viven a menos de 200
metros de profundidad, con lo cual es posible que habiten más
de un millar de especies.

Flora y fauna

Están definidos ya 350 cíclidos distintos, peces muy apreciados
para los acuarios caseros por su pequeño tamaño, aunque
algunos pueden alcanzar hasta los dos kilos de peso.

Fuera del agua, e incluso dentro, habitan una gran cantidad de
hipopótamos, miles de pelícanos, cormoranes, así como el
temible cocodrilo, algunos elefantes y también aves rapaces.

Acantilados de Bandiagara

Estos acantilados protegen estructuras arquitectónicas de gran
belleza (casas, graneros, altares, santuarios y toguna, lugares de
encuentro, los cuales han sido por siglos el alma de la
tradicional y secular cultura Dogon. La meseta Bandiagara es
uno de los más impresionantes paisajes geológicos en el Oeste
de África.

MAURITANIA

Parque Nacional del Banco Arguin

El parque está hecho de dunas de arena, ciénagas costeras, pequeñas islas y aguas costeras poco profundas. La austeridad del desierto y la biodiversidad de la zona marina, resultan en un paisaje de excepcional contraste y valor natural. Una amplia variedad de aves migratorias pasa el invierno allí y varias especies de tortuga de mar y delfines, que los pescadores usan para atraer los bancos de peces, pueden encontrarse.

En estas costas poco profundas naufragó el barco francés La Medusa, pero esto sirvió para atraer el interés de los exploradores y ya se han encontrado restos arqueológicos paleolíticos en la isla Tidra, especialmente tumbas, lo que induce a pensar que fue utilizada como cementerio, mientras que la isla Arguin fue lugar clave para el tráfico de esclavos y oro. La corriente del Golfo, además, produce un aumento en la productividad biológica de las aguas pues remueve totalmente los nutrientes orgánicos que se depositan en el fondo.

Flora y fauna

La abundancia de animales es enorme y en el bosque de manglares encontramos el búho del desierto, multitud de pelícanos, garzas, cangrejos, la gacela dorca, un pequeño cánido conocido como fennec, el gato Margarita y la hiena rayada. También hay pelícanos blancos, la cigüeña de pico amarillo, el flamenco enano, gaviotas, así como diversas limícolas.

Las tortugas acuden allí a depositar sus puestas, mientras que es uno de los lugares elegidos para siete millones de aves migratorias para pasar el invierno. También hay una modesta colonia de la foca monje.

La vegetación está compuesta por las praderas emergentes de la gramínea Avicennia Africana y numerosas plantas fanerógamas acuáticas, así como de acacias y espartos.

NIGER

Reservas Naturales de L´Aïr y del Ténéré

Esta es la zona protegida más grande de África, aunque el área considerada como santuario protegido es sólo una sexta parte del área total e incluye la roca volcánica de Aïr, una pequeña bolda Sahelian que aísla su clima, flora y fauna en el desierto del Sahara de Ténéré. La reserva presume de una impresionante variedad de paisajes, especies de plantas y animales salvajes.

Puede parecer extraño que un desierto pueda ser considerado Parque Natural, pero junto con las amplias zonas arenosas del desierto del Ténéré, también existen numerosas zonas de arbolado y animales, así como cañones que nos indican el agua que un día hubo allí. Sacudidas las masas rocosas por la lenta pero inexorable acción de la arena del desierto, ahora presentan ya canales, lugares afilados y numerosas piedras desprendidas. El macizo montañoso del Aïr es una muestra de la intensa actividad humana y geológica, lo que proporciona un paisaje extraordinario.

Las precipitaciones apenas alcanzan los 75 mm en Aïr y poco más de 20 mm en Ténéré, pero aún así en el subsuelo existen reservas hídricas importantes lo que contribuye a mantener su flora. Son importantes los monumentos como las mezquitas, así como los restos paleolíticos y neolíticos, lo mismo que los grabados que reproducen escenas de caza y sus prácticas ganaderas.

Níger tiene una extensión de 1.186.408 km²; y su relieve está definido por el primitivo zócalo africano, cuyas altitudes oscilan entre los 200 y los 500 m, aunque también encontramos algunos macizos muy antiguos como el macizo volcánico del Ayr (Aïr), que culmina en el monte Gréboun, con una altitud de 1.944 metros.

Las dos terceras partes del suelo nigeriano son desérticas, por lo que la población se tiene que concentrar en el sur, en zonas próximas al río Níger que riega un valle de 300 km. Aún así, la mayor parte de Níger es zona tropical seca, y una de las regiones más calurosas del mundo, con grandes oscilaciones térmicas por la noche. No obstante, a pesar de las pocas precipitaciones anuales, el macizo de Aïr supone una de las reservas de agua subterráneas más importantes del noroeste de Níger, pues las ramblas o oueds drenan hacia el oeste, hasta las llanuras de Talak y Tamesca, lugar en donde anteriormente se unían al río Níger.

Flora y fauna

Los animales más representativos son la gacela dama, el addax, el oryx shariano, el muflón (bóvido rumiante), así como los avestruces y los monos babuinos.
Respecto a la flora destacan las acacias aparasoladas, numerosas gramíneas, y abundantes frutos y semillas comestibles.

Terminología esencial:

Addax:
Antílope de 1 metro de altura hasta la cruz, con cuernos retorcidos en espiral.
Babuinos:
Monos que miden entre 50 y 110 cm de longitud, con una cola de 50-70 cm, y que pueden llegar a pesar hasta 40 kg. Tienen el pelo largo, de color pardo y forman grandes grupos jerarquizados.

Parque Nacional "W"

La porción del Parque Nacional "W" en Níger es una zona de transición entre la sabana y las tierras forestales y representa importantes características del ecosistema de Selva y Sabana de la Provincia Biogeográfica del Oeste Africano. El lugar refleja la interacción entre recursos naturales y humanos desde los tiempos Neolíticos y esta interacción ha producido paisajes característicos y especies de plantas e ilustra la evolución de la biodiversidad en esta zona.

SENEGAL

Parque Nacional de Niokolo-Koba

Localizada en un área húmeda, a lo largo de los bancos del Río Gambia, la galería de bosques y sabanas del Parque Nacional Niokolo-Koba protege una fauna muy rica, entre ella antílopes, chimpancés, leones, leopardos y una gran población de elefantes, además de muchas aves, reptiles y anfibios.
El parque se encuentra en una región relativamente llana, con pequeñas líneas de colinas que llegan a alcanzar los 200 metros y las amplias planicies que separan estas colinas a menudo quedan inundadas durante las lluvias. El área incluye formaciones superficiales de laterita y sedimentos sobre lechos de piedra arenosa que datan del Periodo Cámbrico, que afloran en algunas ocasiones, y algunas rocas metamórficas. El parque es cruzado por el Río Gambia y sus dos tributarios, el Niokolo Koba y el Koulountou.

Senegal tiene una extensión de 196.722 km²; y hace frontera con Gambia, país que penetra en Senegal desde el mar hacia el interior del territorio. Aunque es mayoritariamente llano, posee una depresión en torno al río Senegal, presentando también ligeros relieves en la zona oriental de hasta 581 metros de altitud, donde se puede observar el zócalo de rocas precámbricas. La mayor parte del país está formado por una cuenca sedimentaria secundaria y terciaria, mientras que la zona costera está interrumpida por los relieves sedimentarios y volcánicos de la península de Cabo Verde.

La distribución de las lluvias determina la vegetación, existiendo grandes selvas húmedas en el bajo Casamance, extensas sabanas boscosas en el sureste, mientras que el norte está cubierto por una estepa rala de gramíneas y acacias.

Flora y fauna

Según cambia la topografía y los suelos, varía también el carácter de la vegetación. En los valles y planicies hay vastas áreas de Vetiveria y sabanas herbáceas dominadas por Andropogon gayanus, mientras que el bosque seco está compuesto por especies como Piliostigma thonningii, Bombax costatum y Propopis africana. Hay también áreas de bambú y en las laderas y colinas, la vegetación es diferente. Las especies de los bancos de los ríos incluyen Khaya senegalensis y Erythrophleum suaveoleus.
Respecto a la fauna, se han registrado 80 especies de mamíferos, 330 de aves, 36 reptiles, 20 anfibios y 60 peces, además de algunos invertebrados. Entre los carnívoros destacan el león y el leopardo, encontrándose otras especies de interés como el búfalo cafre, el mandril de Guinea y el mono verde, así como el cocodrilo del Nilo, hipopótamos, jirafas y elefantes.

Parque Nacional de las Aves de Djoudj

En el delta del Río Senegal, el Santuario Djoudj es una tierra húmeda que comprende un lugar rodeado por arroyos, estanques y contracorrientes, las cuales forman un vivo pero frágil santuario para millón y medio de pájaros, tales como el pelícano blanco y el cormorán.

El área fue designada Santuario Nacional de aves en abril de 1971 y se encuentra en una vasta cuenca de suelos impermeables holomórficos, componentes de los suelos salinos del delta del Río Senegal entre el canal principal del Norte, la ensenada Djoudj y el Gorom o ensenada del Sur.

Este delta, del cual Djoudj es una pequeña parte, ha sido durante años objeto de inundaciones y ha desarrollado un sistema de diques que han permitido que el agua dulce sea retenida en la cuenca del Djoudj por más tiempo del habitual, beneficiando a las aves acuáticas. La salinidad del agua varía, desde ser casi dulce durante las inundaciones del invierno a salobre cuando los niveles de agua bajan.

Flora y fauna

La escasa pluviosidad y los inadecuados suelos holomórficos se reflejan en la vegetación, pues el tipo de sabana Saheliana está dominado por espinosos arbustos y acacias como Acacia nilotica. Durante las lluvias, densas poblaciones de Typha aparecen en las zonas inundadas. La vegetación acuática está dominada por Pistia stratoites.

Respecto a la fauna, el área destaca por ser un importante destino de gran número de aves migratorias y pueden encontrarse el flamenco, el pelícano blanco, varias clases de garza y el cormorán común, entre otros. De los mamíferos destaca el manatí africano y entre los reptiles hay varias especies de cocodrilo.

Terminología esencial:

Metamórfica:
Transformación natural ocurrida en un mineral después de su consolidación primitiva.

SEYCHELLES

Seychelles. Atolón de Aldabra y valle de Mai

El Atolón

Aldabra es un atolón coralino perteneciente al archipiélago de las Seychelles, y constituye uno de los mejores ejemplos de atolón coralino emergido. Está formado por cuatro islas, separadas entre sí por estrechos canales, que delimitan una extensa laguna interior.

Surgido en las aguas hace aproximadamente 200.000 años, volvió a emerger en varias ocasiones debido a la sucesión de épocas glaciares e interglaciares, ocurriendo la última emersión hace 6.000 años, dando lugar a un nuevo proceso de colonización vegetal y animal en su superficie.

El atolón está comprendido entre cuatro grandes islas de coral que encierran una laguna poco profunda, mientras que el grupo de islas está en sí mismo rodeado por un arrecife de coral. Debido a las dificultades de acceso y el aislamiento del atolón, Aldabra ha sido protegido de la influencia humana y ha llegado a servir como refugio de unas 152.000 tortugas gigantes, la población mayor de estos reptiles en el mundo.

El país

Situado al noreste de Madagascar y con una extensión de solamente 453 km² y 67.000 habitantes, el pequeño estado está constituido por más de un centenar de islas e islotes, entre ellos los archipiélagos de Seychelles, Almirante, Aldabra, Farquhar, Providence y Desroches. La mayor parte de la población está concentrada en la isla, en la capital Victoria, la cual absorbe casi todo el turismo que llega y del cual obtiene la mayoría de sus ingresos económicos. Sus temperaturas suaves y el hecho de estar protegida como Patrimonio Mundial, le permiten tener su propio aeropuerto y potenciar sus recursos pesqueros y de agricultura, especialmente de canela y vainilla.

Anteriormente ocupadas por los portugueses en 1502, pasaron a dominio francés en 1756, después que los británicos la visitaran en 1609 sin deseos coloniales, aunque dos siglos después volvieran ya a ocuparla y pasara a depender de la isla Mauricio. La autonomía política le llegó en 1970 y en 1976 se proclamó república independiente, alcanzando su pluralismo político en 1991.

Anteriormente, en 1966, se intentó establecer una base militar conjunta entre Inglaterra y los Estados Unidos en la isla Aldabra, proyecto que fue frenado por la Royal Society de Londres y afianzado por la creación de la Aldabra Research Station y posteriormente mediante la Fundación para la conservación de las Islas Seychelles.

Flora y fauna

La flora de Aldabra está formada por más de 250 especies de angiospermas y en algunos sectores aparecen bosques de manglar y, por encima de la zona de mareas, se extiende un matorral de Pemphis acidula. Lejos ya de las incursiones marinas, crece alguna vegetación arborescente. Indudablemente su parte emblemática es su atolón coralino, una de las mejores muestras mundiales.

En cuanto a la fauna, se dan allí varias especies de tortugas gigantes, así como aves, tanto acuáticas como terrestres. Las tortugas se concentran en la isla Sur y pueden llegar a sumar hasta 150.000 ejemplares durante el período reproductor, época en la cual se alimentan de semillas y especies herbáceas, aunque los depredadores naturales y los parásitos les limitan sensiblemente su alimento básico.

Las aves terrestres están representadas por el drongo, el cantor de Aldadra y unos 5.000 rállidos que apenas si pueden esbozar el vuelo.

Valle de Mai

La isla Praslin, denominada también isla de los Palmerales, ha sufrido un fuerte proceso de transformación que ha eliminado buena parte de las superficies forestales originales. El valle de Mai está ubicado en el mismo corazón de la isla.

Las Seychelles encierran seis variedades locales de palmeras, todas ellas presentes en el valle de Mai o sus proximidades, siendo la palmera más célebre el coco de mar o cocotero de las Maldivas que puede alcanzar los treinta metros de altura. El resto de las palmeras del valle de Mai son más pequeñas que éste, aunque sus frutos es frecuente que lleguen a pesar hasta 25 kilos. Carnosos, fibrosos y con una leche fácil de digerir, sirven de alimento al periquito negro, ave exclusiva de la isla Praslin. La reserva encierra, además, 80 especies florísticas indígenas de las que 28 son endémicas, entre las que destaca la trepadora Toxocarpus schimperianus.

Flora y fauna

El bosque de palmeras es una formación única en el planeta, enriquecida por numerosos endemismos animales y vegetales.
En el corazón de la pequeña isla de Praslin, la reserva abriga los vestigios de un bosque natural de palmas preservado en forma de su estado natural. El famoso "coco de mer" (árbol de palma), que se creyó una vez que venía de un árbol que crecía en las profundidades del mar, tiene la semilla mayor del reino vegetal.
Entre las hojas de las palmeras encuentra su hábitat un grueso caracol pardo, así como un caracol negro más pequeño, ambos endémicos de la isla. Las palmeras sirven igualmente de refugio a un camaleón local y a tres serpientes características de las Seychelles: la serpiente doméstica, la serpiente lobo y la serpiente ciega, ninguna de las tres venenosa.
Los geckos o salamanquesas son frecuentes en el palmeral y las espesas capas de humus y materia orgánica muerta que cubren el suelo sirven de refugio a unos extraños batracios del género Typhlonetes.
Los torrentes del valle de Mai albergan un cangrejo de agua dulce, encontrándose también la presencia de una pequeña quisquilla y del "gourgeon", la única especie local de pez de agua dulce. Entre las aves destacan el bulbul chillón y la paloma azul.

UGANDA

Parque Nacional de los Montes Rwenzori

Cubriendo cerca de 100.000 hectáreas al Oeste de Uganda, el parque comprende la principal parte de la cadena montañosa Rwenzori, que incluye el tercer pico más alto de África (el Monte Margarita con 5.109 metros) Los glaciares, cascadas y lagos de la región, hacen de ella una de las áreas alpinas más hermosas de África. El parque protege muchos hábitat naturales, especies en peligro y una flora inusual, incluyendo, entre otras especies, el brezo gigante.

La mayoría del terreno que comprende al Parque Nacional está a más de 2.500 metros de altitud y comprende igualmente los Montes de la Luna, también conocidos como el macizo Ruwenzori y que suponen el mayor atractivo de la zona. Hace diez millones de años ese lugar era simplemente una llanura que drenaba el agua de lluvia al Atlántico y posteriormente los movimientos tectónicos desgarraron la corteza, hubo fuerte actividad volcánica y comenzó la elevación del terreno. Por eso ahora presenta un núcleo central de rocas anfibolitas y restos de las antiguas glaciaciones.

Flora y fauna

Existen cinco ecosistemas ocasionados por las diferentes alturas y en la zona baja se encuentran tierras cultivadas con bananas, mijo y judías, mientras que los árboles forman bosque en zonas superiores, con lianas y epífitas. En zonas altas hay bosques de bambúes, multitud de helechos de gran tamaño, así como lobelias gigantes, mientras que más arriba se encuentran brezos, ericáceas y senecios. Por último, más allá de los 3.800 metros solamente hay líquenes y musgos en las praderas, apareciendo las nieves perpetuas a partir de los 4.400 metros.

Hay también 89 especies de aves y mamíferos como los elefantes, búfalos, antílopes, así como 4 especies de primates y mariposas diversas.

Parque Nacional Bosque Impenetrable de Bwindi

Localizado en el Sudoeste de Uganda, en la unión de los bosques de planicie y de montaña, el Parque de Bwindi cubre 32.000 hectáreas y es conocido por su excepcional biodiversidad, con más de 160 especies de árboles y más de 100 especies de helechos. Muchos tipos de aves y mariposas pueden también encontrarse allí, además de especies en peligro, como el gorila de montaña.

Se trata de uno de los lugares preferidos por los turistas, especialmente por la película "Gorilas en la niebla", aunque las diversas guerras civiles le han quitado atractivo frecuentemente. En 1963, después de un viaje a África, donde se encontró con el Dr. Louis Leakey, la zoóloga Diane Fossey se interesó vivamente por la vida de los gorilas de montaña. Tres años después, en 1967, empezó a observar a los gorilas en su propio hábitat, inicialmente en tierras del Zaire y desde allí pasó a Ruanda, donde creó el centro de investigación Karisoke. Vivió durante casi 18 años entre los gorilas, y poco a poco su nombre dio la vuelta al mundo, ganándose la confianza de ecologistas y zoólogos. Cuando su gorila favorito, Digit (Dedo), fue abatido por unos cazadores furtivos, se quedó muy triste y empezó una dura campaña contra los cazadores furtivos y el gobierno de Uganda. El 26 de diciembre de 1985, Diane Fossey fue encontrada asesinada en su cabaña, aunque nunca se pudo averiguar quién lo hizo.

La vegetación del lugar lo hace impenetrable, de ahí su nombre, a lo que hay que unir la niebla, las lianas y los líquenes y el techo que forman la copa de los árboles.

Flora y fauna

Se encuentran 104 especies de helechos de un tamaño similar a un árbol y 163 especies diferentes de árboles, aunque lo más importante de la zona son los gorilas, entre ellos el gorila de montaña, un animal de gran tamaño que vive en las zonas volcánicas próximas a Ruanda y del cual se han contado unos 700 animales. Otros primates importantes son el cara de búho y el cercopiteco de L'Hoest que posee un collarín blanco característico y la increíble capacidad de agarrase a los árboles con su cola. También hay otros animales como elefantes, búfalos, chimpancés y leopardos, así como nutrias, el ratel que se confunde frecuentemente con el tejón, antílopes y ciervos, además de 200 especies de mariposas y 340 de aves.

TANZANIA

Zona de Conservación de Ngorongoro

Una gran concentración permanente de animales salvajes puede ser encontrada en el gran y perfecto cráter de Ngorongoro. Cerca, el cráter de Empakaai, relleno por un profundo lago y el volcán activo de Oldonyo Lenga, pueden verse también. Las excavaciones realizadas en Olduvai Gorge, no muy lejos de allí, han resultado en el descubrimiento de uno de los más lejanos antecesores del hombre, el Homo Habilis.
Indudablemente se trata de una de las zonas más hermosas del planeta, criterio mucho más firme si tenemos en cuenta que están unidas a las llanuras del Serengeti, aunque ahora ambas tienen departamentos de gestión diferenciados. La fosa de Rift ha generado un terreno ondulado que posee abundancia de matorral hasta una altura de 2.286 metros, justo en la boca del volcán Ngorongoro, una zona lisa de un diámetro de 14,5 Km. Esta enorme superficie volcánica permite almacenar agua para surtir a los numerosos arroyos y fuentes del lugar, que unido a las temperaturas eminentemente ecuatoriales, produce una

vegetación intensa en toda la zona con bosques de acacias y una sabana herbácea compacta.

Otra zona de interés preferente es el cráter Embakii, de 3.400 metros de altura y un lago en el interior de 3,5 Km y 60 metros de profundidad, sin olvidar otros treinta conos volcánicos en los alrededores, algunos todavía activos como el Oldonyo Lengai.

También es sumamente importante una zona denominada como la garganta de Olduvai, lugar en donde ha sido hallado el primer cráneo del Australopitecos con 1.750.000 millones de antigüedad, así como objetos para la caza, utensilios de comida y restos funerarios.

Fauna

No es de menos importancia la fauna de esta zona, en donde encontramos al guepardo, el eland, gran cantidad de leones, chacales, el escaso rinoceronte negro, manadas de ñúes, y cebras. También son abundantes los impalas, las jirafas, los hipopótamos, las hienas y los elefantes, además de multitud de aves rapaces.

Reserva de caza de Selous

Para entender la importancia de esta zona hay que tener en cuenta lo intransitable del terreno, su poca utilidad como suelo agrícola y la presencia de la mosca tse-tse, impidiendo el desarrollo de la ganadería, factores que obstaculizaron el asentamiento de una población humana. Como consecuencia, la Reserva de Caza se mantiene hoy día en unas condiciones absolutamente naturales.

Tal vez el punto más famoso de la reserva sea la Garganta de Stiegeler, un hermoso cañón de cien metros de profundidad y otros cien de anchura formado en la confluencia de los ríos Rufiji y Gran Ruaha. Los terrenos que conforman la Reserva de Caza de Selous coinciden básicamente con la cuenca hidrográfica del río Rufiji. El aspecto del río varía en función de

las lluvias y este nivel variable se transmite a través del Rufiji a
una serie de lagos, entre los que Tagalala, Manze, Nzerakera,
Mzizima y Siwando son los de mayor tamaño y los que
mantienen una mayor población animal.

Flora y fauna

Elefantes, rinocerontes negros, leopardos, jirafas, hipopótamos y
cocodrilos, viven en gran número en este inmenso santuario, un
recinto de 50.000 Km relativamente intacto por el hombre. El
parque tiene una variedad de zonas de vegetación, desde densos
matorrales a abiertas tierras verdes arboladas.
Es ésta la reserva de mayor tamaño de África. A fin de controlar
su gestión, se ha dividido la zona en cuatro: la principal es la del
Norte, centrada en Matambwe, al Sur Liwale, al Este Kingupira
y, por último, al Oeste la de Msolwa. Esta burocrática
distribución no coincide con la diversificación de ecosistemas y
de éstos, el primero es el bosque llamado miombo, segundo el
bosque de galería, tercero la sabana herbácea y el cuarto un
bosque templado en el que aparece como especie dominante la
Terminalia spinosa.
Miombo es un término que describe los bosques formados por
especies resistentes al fuego, como la Julbernardia spinosa y
Pterocarpus angolensis y que recibe su nombre por el aspecto de
pasillo o galería que forma a las orillas de los cursos de agua. En
Selous se pueden encontrar múltiples ejemplos derivados de los
muchos cauces que atraviesan la reserva y así, los ríos Mswega,
Mhangasi, Sumbadzi o Njenje se unen para formar el Luwego y
el Kilombero.
El bosque de Terminalia es un bosque muy aclarado con aspecto
de sabana arbolada, mientras que en las llanuras lateríticas de la
parte oriental domina la sabana herbácea, es decir, con ausencia
casi total de arbolado. Como es natural, la variedad de
ecosistemas, la gran extensión y la escasa presión humana se
conjugan para proporcionar a Selous una riqueza faunística
excepcional. De hecho se considera que en Selous se encuentran

las mayores aglomeraciones existentes en todo el mundo de especies tales como el elefante, el cocodrilo del Nilo, el licaón, el búfalo o el hipopótamo.

También hay que destacar múltiples y exóticas especies de peces de gran tamaño, como el pez tigre o el pez gato.

Parque Nacional Serengeti

En las vastas planicies de Serengeti, inmensos rebaños de herbívoros – gacelas y cebras – seguidos por sus predadores y su anual migración a permanentes agujeros de agua, ofrece una señal de otra edad, una de las más impresionantes en el mundo.

Serengeti se muestra como un plano inclinado que pierde altura desde el área volcánica de Ngorongoro hacia las planicies que flanquean el lago Victoria. La sabana de Serengeti está compuesta por 160 especies forrajeas diferentes, gramíneas en su mayoría y ciertas especies resultan espectaculares en floración, como la hierba caprina que da una intensa tonalidad rojiza a los suelos de la época de lluvia.

Las acacias son los árboles más característicos de la sabana, siendo la más abundante la Acacia senegal.

Junto con el Ngorongoro, el Serengeti ha conseguido situar a la República Unida de Tanzania en uno de los focos turísticos más importantes de África, especialmente para la marcha de safaris organizados. Comparte con el anterior parque una frontera de doscientos kilómetros y el conjunto es herbáceo, con ríos como el Mgungu y el Mbalageti y diferentes formaciones rocosas. Allí emigran todos los años multitud de gacelas, cebras y núes para alimentarse con sus pastos, hasta que llegan los meses de abril y mayo y las tierras empobrecidas les obligan a buscar agua y comida a zonas del norte y este. Su destino es justo el río Mara, en el cual se arrojarán violentamente originando un espectáculo asombroso recorrido frecuentemente por las cámaras de cine. Con ellos van depredadores que solamente tienen que esperar que los heridos abandonen la marcha, caídos en el suelo, para devorarlos sin problemas.

Tanzania ocupa 939.470 km² y la zona continental es un conjunto de altas mesetas con fosas tectónicas (Rift Valley), dominadas por macizos volcánicos y al este por la llanura costera. Asentada sobre una base precámbrica que se levantó en el cenozoico paralelamente a la formación de las fosas tectónicas, posee altas tierras centrales situadas entre los dos lados de la fractura que tienen una altura media de 1.000 m. En las proximidades de las ramas del Rift Valley existen altos relieves caracterizados por la presencia de grandes volcanes (Ngorongoro, Rungwe, Meru, Kilimanjaro o Uhuru), cuyo origen está íntimamente ligado al surgimiento de la fractura.

La mayor parte del territorio está dividido por los grandes ríos Nilo, Zaire y Zambeze, aunque también existen reservas de agua en los lagos Natron, Manyara, Eyasi y Rukwa. El clima es tropical, batida por los alisios y los monzones procedentes del océano Índico, aunque ello no impide que este aire húmedo no llegue a las estepas de Masai. Debido a ello, la mayor parte del país está casi despoblado y encontramos los grupos más numerosos en las orillas del lago Victoria, en las laderas del Kilimanjaro, y en las zonas bañadas por las aguas del mar.

Flora y fauna

El Parque Nacional Serengeti alberga, sin duda, la mayor concentración de fauna de llanura del planeta, y entre las especies pueden encontrarse ñúes, cebras de Grant, gacelas de Thomson, elands, damalismos, alcelafos y jirafas. En ningún lugar resulta más fácil localizar los protagonistas de la fauna africana: el león, búfalo, leopardo, hipopótamo y rinoceronte negro.

Se han citado más de 300 especies de aves, que van desde la gigantesca águila marcial al pequeño halcón pigmeo, pasando por un amplio elenco de ardeidas, tejedores, cálaos, gallináceas, etc. Entre ellas dos clásicas de la sabana: el avestruz y la avutarda de Cory.

Serengeti conoce cada año uno de los principales espectáculos faunísticos del mundo: la migración periódica de ñúes, cebras y gacelas a la búsqueda de pastos verdes. Sus desplazamientos son acompañados por un cortejo de hienas, chacales y liacones, que se alimentarán de los animales heridos o rezagados; éstos quedarán pronto reducidos a osamentas por los numerosos carroñeros que también acompañan su viaje.

La flora es abundante en hierba, aunque también se pueden observar acacias y baobabs, siendo la grama el alimento preferido para los animales, así como la hierba caprina y otras hierbas forrajeras.

La agricultura agrupa a la mayor parte de la población activa, compuesta por bantúes, masais, así como de europeos, indios y árabes. La población subsiste principalmente del turismo y de los cultivos de maíz, mandioca, mijo, batata y arroz, aunque también es frecuente encontrar café, algodón, sisal, té, copra, tabaco y clavos de especia.

Parque Nacional del Kilimanjaro

El punto más alto en África, el Kilimanjaro, es una masa volcánica de casi 6.000 metros de alto que permanece aislado sobre la planicie circundante, con su pico de nieve asomando sobre la sabana. La montaña está rodeada por un bosque montañoso, y numerosos mamíferos, muchos de los cuales están en peligro de extinción, viven en el parque.

El Kilimanjaro, con sus casi 6.000 metros de altura, es el punto más alto de África, pero lo que más llama la atención es su cumbre de nieves perpetuas en un punto tan cercano al ecuador. El Kilimanjaro y los bosques que lo rodean fueron declarados reserva de caza por el gobierno colonial alemán a principios de siglo, alcanzando el rango de parque nacional en 1973.

Hace alrededor de un millón de años se abrieron una serie de grietas en la llanura de África oriental a través de las cuales afloró el magma y, en consecuencia, la llanura se hundió hasta formar una gran depresión. En concreto, el Kilimanjaro es un gran edificio volcánico que surgió hace 750.000 años formado por tres conos principales: Kibo, Mawenzi y Shira, que fueron creciendo de modo lento pero continuo hasta llegar a una altura aproximada de 5.000 metros. Cuando éstos sufrieron un colapso y quedaron inactivos, la acción predominante pasó a ser la erosiva, encargada de reducir su altura y darles su forma actual.

El Kilimanjaro es un macizo volcánico aislado que se eleva desde una meseta exactamente 5.898 metros y cuya parte central se encuentra el cráter del Kibo, desde donde se accede descendiendo a Mawenzi y, en dirección contraria, a Shira.

Fauna y flora

En las llanuras de la base del macizo cabe la posibilidad de encontrar al gálago de cola gruesa o el damán arbóreo. Sin embargo, esta zona es más adecuada para el estudio de la avifauna, además del abundante buldul común, encontrándose igualmente aquí multitud de pequeños e iridiscentes nectarínidos de pico curvo.

Entre los 1.800 y los 2.800 metros se entra en el cinturón de bosque húmedo, en el que Macaranga kilimanscharica es el árbol más abundante, aunque hay diferencias entre las vertientes. Así, en las laderas más secas son frecuentes los olivos, mientras que en la vertiente más húmeda predominan los helechos arborícolas del género Cycathea, lo mismo que ejemplares de Nuxia congesta cubiertos de lianas.

Aunque el denso bosque dificulta la visión de la fauna y es frecuente oír a colobos y leopardos, el descenso en la población de éste último animal ha contribuido al aumento de otras especies como el jabalí de río o los duiqueros de Abbot, de Natal o de Grimm. En cuanto a las aves, destacan el calao de mejillas plateadas o el turaco de Hartlaub.

En la franja superior del bosque surge la paramera, con una barrera inicial de matorrales en la que podemos reconocer el brezo. Sin embargo, la paramera no es una buena zona para la

observación de mamíferos, pues al ser un terreno despejado los animales no tienen donde protegerse, en cambio, sí pueden estudiarse las grandes aves como el águila coronada o el quebrantahuesos. Más allá aparecen senecios y lobelias.
A partir de los 4.000 metros apenas sobreviven líquenes y unas pocas especies de plantas.

Terminología esencial

Sisal:
Fibra flexible y resistente obtenida de la pita y otras especies de agave.
Eland:
Antílope gigante, con 1,8 m de altura hasta la cruz y hasta 1 tonelada de peso.
Licaón:
Perro salvaje de hasta 1 metro de largo y 75 cm de altura, que caza en pequeños grupos igualmente de día que de noche y que es domesticable.

ZAMBIA

Cataratas Victoria. (Mosi-oa.Tunya)

Estas cataratas están entre las más espectaculares en el mundo. El Río Zambeze, con más de dos kilómetros de ancho en este punto, hunde estrepitosamente una serie de barrancos de basalto y levanta una neblina multicolor que puede ser vista desde más de 20 kilómetros.
Nuevamente fue el explorador Livingstone quien realizó el descubrimiento de un bello territorio natural, en una zona que no había sido explorada nunca antes por un occidental, lugar al que denominó como cataratas Victoria en recuerdo de la Reina de Inglaterra, evitando mencionarlas como Mosi-oa-Tunya, su nombre original nativo. El lugar ciertamente es impresionante,

con unas cataratas que forman en su caída un ruido
ensordecedor y una columna de vapor de más de 200 metros de
altura que se pueden ver desde la lejanía. Un poco antes de la
monumental caída, el río Zambeze, con un recorrido de 2.600
kilómetros, llega a medir de ancho más de 1.700 metros,
aunque seccionado en pequeñas islas, originando en su caída de
más de 100 metros una cortina de agua que se aleja por una
estrecha garganta en dirección oeste.

Todo este espectáculo se puede contemplar en algunos de los
miradores existentes, especialmente en el Danger Point, y la
espectacularidad dependerá de la época de lluvias, siendo
recomendable hacerlo en el mes de abril. Por supuesto, en el
lecho del valle existe una gran cueva originada por el agua al
chocar contra las rocas, efecto aumentado por las capas de
basalto que el agua del río arrastra en su recorrido y que caen al
lecho como si fueran pequeñas bombas.

También es importante el clima concentrado que origina el
denso humo húmedo del agua al caer, creando un pequeño
bosque húmedo totalmente diferenciado del entorno.

Flora y fauna

En los lugares cercanos a la catarata se encuentran mangostas
rayadas y papión, así como aves tan extraordinarias como el
halcón de Teita que gusta de establecerse en las gargantas de las
cataratas. También están las cigüeñas negras, el ibis
piquigualdo, la zancuda jabirú, el antílope ruano y el sable, así
como hipopótamos, búfalos y elefantes.

ZIMBABWE

**Parque Nacional de Mana Pools y Áreas de Safari de Sapi y
Chewore**

En los bancos del Río Zambeze, grandes acantilados sobresalen del río y las planicies inundadas, donde una notable concentración de animales salvajes que incluye elefantes, búfalos y leopardos puede ser vista, así como abundantes ejemplares de cocodrilos del Nilo.

El Parque Nacional de Mana Pools, creado en 1963, se localiza al Sur del río Zambeze, que establece aquí una separación efectiva entre los estados de Zambia y Mozambique y Zimbabwe. Al este de Mana Pools se localiza el Área de Safari de Sapi y más adelante todavía, el Área de Safari de Chewore. El río Zambeze marca el límite norte de los tres espacios.

Los perfiles del río Zambeze distan de ser uniformes a lo largo de toda su longitud, pues las áreas arenosas y pantanosas de Mana Pools se ven sustituidas en el sector de Sapi por un curso abrupto que lame paredes y escarpes. La zona más quebrada se sitúa sobre el Área de Safari de Chewore, donde el río Zambeze forma aquí las gargantas de Mupata, encajonándose y retorciéndose a lo largo de 30 Km.

En el sector de Mana Pools, el límite sur se encuentra definido por una zona elevada cuya máxima altura es el pico Megringat. Se trata de un área de granitos antiguos recubiertos por una delgada capa de lihosol. También, poderosos cortados se suspenden sobre las tierras aluviales situadas más al norte, que se extienden hasta el Zambeze.

Zimbabwe tiene 390.759 km² y su orografía está compuesta de dos mesetas, la de Mashonaland que llega hasta el río Zambeze, y la de Matabeleland hasta Botswana. Su clima es relativamente seco y en su subsuelo posee importantes yacimientos de cobalto, níquel, cobre, cromo, plata, amianto, hierro, carbón e incluso oro en grandes cantidades.

Flora y fauna

La vegetación presenta caracteres xerófilos, dominada por praderas herbáceas salpicadas de arbustos. Las comunidades de acacia blanca, pioneras en el proceso de colonización, son reemplazadas por bosquetes de kilegias, que a su vez cederán ante los ejemplares del género Trichelia. Junto a estas especies merodean los bosquetes ralos de árboles de Jessé y las zonas de matorral esclerófilo.

La llanura aluvial es reemplazada por el bosque de myombo allá donde no alcanzan las inundaciones temporales. En cuanto a la agricultura, encontramos cultivos de maíz, trigo, mijo, tabaco, algodón, caña de azúcar y té.

Las zonas encharcadas cercanas al río sirven de refugio a numerosas especies de avifauna y dentro de este grupo cabe destacar la jacana, diferentes especies de garza, moritos, marabú, distintos martines pescadores o el pigargo vocinglero. La variedad de rapaces es grande, desde el halcón pigmeo hasta el águila marcial, aunque también es destacable la fauna piscícola, con hemas, vundús, kupis y peces tigre.

En cuanto a mamíferos, se dan hipopótamos, búfalos, cebras, jirafas, elefantes, leones, leopardos, guepardos, hienas manchadas, licaones y en los cauces de agua aparece el cocodrilo del Nilo. Por su parte, el Área de Safari de Chewore encierra una de las mejores comunidades de África de rinoceronte negro.

Terminología esencial:

Morito:
Falcinelo, ave zancuda, algo mayor que la paloma, de pico muy largo, patas largas, verdosas con dedos y uñas muy delgados.

Xerófilos:
Plantas adaptadas a la vida en un medio seco.

Civilizaciones perdidas

Patrimonios de la Humanidad

UNESCO
Ciudades
patrimonios
de la
Humanidad
EDICIONES
MASTERS

Pop Art
Adolfo Pérez Agustí
Hasta un intelectual
lo puede amar